RADELZEIT

AN DER NORDSEE IN SCHLESWIG-HOLSTEIN

Herrlich entspannte Touren zum Runterschalten & Genießen

Elke Weiler

ELKE WEILER

ÜBER MICH

Ich komme vom flachen Niederrhein und behaupte stur, auf einem Rad geboren zu sein. Fakt ist: Noch vor dem Schwimmenlernen schwenkte ich meine Beine übermütig zu den Seiten eines Velos. Sieben Räder später hat sich wenig geändert: Ich lebe im platten Nordfriesland, strample viel und fahre bisweilen Schlenker, umweht von salziger Luft. Kräftig wehender Luft! Gelobt seien die stillen Sommertage. Fernab vom Sattel schreibe ich Romane, Reisebücher und Artikel für Meerblog.

Meine persönliche Radelweisheit:

>> Auf dem Rücken des Drahtesels wirkt die Welt beschwingt.

LIEBE LESERIN, LIEBER LESER,

Die Nordseeküste Schleswig-Holsteins ist komponiert aus Wasser, Wolken, Sand, Schlick, Marsch und Geest, sie besteht aus den Regionen Nordfriesland und Dithmarschen. Oft kommt der Wind von Westen, doch verlassen kann man sich darauf nicht. Wer hier radelt, ist wetterfest, zumindest im Kopf. Mit etwas Glück hilft eine dicht bewachsene Kurve oder eine Baumallee und mildert Windböen ab. Atempausen schenken die hyggeligen Städtchen und Dörfer vom deutsch-dänischen Grenzgebiet bis zum Nord-Ostsee-Kanal. Entspannung und Ruhe strahlen das Watt, ein graues Etwas voller Leben, die Moore sowie manches kostbare Waldstück aus. Und wo kann man schon mit dicken Pötten um die Wette fahren? Nur am Kanal.

Eine herrlich entspannte Radelzeit wünscht

INHALT

UND SONST SO?

UNTERWEGS AUF DEN SCHÖNSTEN STRECKEN ...

WALD MIT MEERDUFT

>> Hinter den Amrumer Dünen zieht sich der Küstenwald, schützt vor Wind und verströmt beste Luft, gemischt mit einer salzigen Nordsee-Note.
Tour 5, zwischen Norddorf und Wittdün, Seite 54

ZWISCHEN DEN WASSERN

>> Links das glitzernde Watt, rechts das Rantumbecken mit seiner vielfältigen Vogelwelt – vier Kilometer Genussradeln auf schmalem Grat. Tour 2, vor Rantum, Seite 24

LÄNDLICHES VINTAGE-FEELING

>> Parallel zum Bongsieler Kanal zu radeln, lässt einen die Zeit vergessen, fühlt sich wie ein Zeitsprung nach vorgestern an. Tour 7, zwischen Bottschlotter See und Ockholm, Seite 74

ÜBER DIE GRENZE

>> Es gibt Übergänge, die sind kaum spürbar. Doch ist drüben (fast) alles anders. Da duftet der Flieder intensiver, da fahren die Autos langsamer. Tour 3, zwischen Aventoft und Tønder, Seite 34

EIN FLUSS KANN WATT

» In der Nähe der Eiderbrücke findet man sich zwischen Kühen, Fasanen und badenden Graugänsen wieder. Wie im Paradies, man ist weit und breit der einzige Mensch. Bis ein Traktor um die Ecke biegt. Tour 17, zwischen Lehe und Eiderbrücke, Seite 174

SCHIFF AHOI!

» Auf dicke Pötte gucken oder mit ihnen um die Wette düsen, wenn sie mit wenigen Knoten auf der Elbe die Brunsbütteler Schleuse ansteuern. Tour 20, zwischen Neufeld und Alter Hafen Braake, Seite 204

VON SCHAFEN UMZINGELT

» Radelnder, lasse dein Rad nie allein! Ein wolliges Wesen könnte vorbei-schauen und es kurzerhand für Well-nesszwecke umfunktionieren. Tour 9, zwischen Deich und Hallig-Krog, Seite 94

ALLE TOUREN IM ÜBERBLICK

DÄNEMARK

ALLE FARBEN SYLTS #2

NOLDE UND DIE NATUR #1

#3 HYGGE FÜR ANFÄNGER:INNEN

ABSEITS AUSGETRETENER PFADE #6

#7 VON HALLIGEN UND WARFTEN

FÖHRER VERLOCKUNGEN #4

VON ENDLOSEN WEITEN #5

#8

SCHÄFCHEN #9 ZÄHLEN

UND ÜBERALL WASSER

INSELFEELING AN JEDER KURVE

#11

UNTER DEM MEERESSPIEGEL #12

#10

EINMAL RUND UM DEN PUDDING

STAPELHOLMER IDYLLE

WO DIE SCHAFE REGIEREN #15

#13

#17

SALZWIESEN UND SANDWÜSTE #14

#16

ENTLANG DER EIDER

VERTRÄUMTE NESTER

Helgoländer Bucht

NAH AM WASSER #18 GEBAUT

Meldorfer Bucht

GEOMETRIE DER KÜSTE #19

MIT ALLEN

WASSERN GEWASCHEN #20

... UND AUCH PAUSE MACHEN NICHT VERGESSEN

EIN GEDICHT VON EINER TORTE

》 Ein Wort reicht, um das Wasser im Mund zusammenlaufen zu lassen: Windbeuteltorte. Cremig und zart mit kunstvoll integrierter roter Grütze. Tour 2, Stopp 4, Seite 30

UNTER HUMMELN

》 Wo der Garten kunstvoll anmutet und die Kunst bunt ist wie ein Garten. Bei der Nolde-Stiftung weiß man nicht, ob es drinnen oder draußen schöner ist. Tour 1, Stopp 4, Seite 20

SCHÖNER BADEN

》 Wo sich die Badehäuschen in einer bunten Reihe dem Meer zuwenden, ist man goldrichtig. Und kann bei Flut über eine Baderampe ins Wasser flanieren. Tour 7, Stopp 6, Seite 81

IM BAUCH DER FISCHERKIRCHE

>> Eine Oase im städtischen Trubel, die Kirche St. Clemens in Büsum. Wie eine Höhle empfängt sie einen. Und rettete einst Menschen vor der Sturmflut. Tour 18, Stopp 1, Seite 188

LEUCHTTURM MEDITATIV

>> Am westlichen Ende der Hallig Langeneß möchte man ewig am Leuchtturm sitzen, aufs Meer schauen und dem Plätschern der Wellen zuhören. Tour 8, Stopp 1, Seite 88

FRISCHER WIND

>> Auf dem Trischendamm kommt man (meist) trockenen Fußes durchs Watt und kann dem Meer hinterherlaufen. Aber es weht (meist) ordentlich. Tour 19, Stopp 3, Seite 199

FLAUSCHALARM!

>> Wer im Juli das Eidersperrwerk besucht und in respektvoller Entfernung bleibt, kann den flauschigen Nachwuchs der Lachmöwen bewundern. Tour 16, Stopp 3, Seite 169

EINFACH LOSRADELN

DIE RADELPAUSEN

» START
Parkplatz am
Hülltofter Tief

KM 12
1 Der nördlichste Punkt des Festlands
Im Vogelparadies

KM 14,5
2 Café Zollhaus
Waffeln schlemmen

KM 21,5
3 Rudbøl
Über die Grenze
spazieren

NOLDE UND DIE NATUR

Auf den Spuren des Malers
im Rickelsbüller Koog

Die Landschaft und das Leben in Nordfriesland übten und üben Einfluss auf das Schaffen von Künstler:innen aus. Das Licht, der weite Himmel, die Kraft des Meeres. Stellvertretend für so viele geht es mit Emil Nolde vom Hülltofter Tief nach Rudbøl und Seebüll, wo er lange Zeit wohnte.

KM 24

4 Museum und Garten der Nolde-Stiftung
Im Farbrausch

KM 26

5 Hülltofter Tief
Wasserfreuden

KM 26 » ZIEL
Parkplatz am Hülltofter Tief

PANNONISCHE SALZASTERN WIPPEN ...

 ... im Wind, wo der dänische Wildschweinzaun abrupt endet. Das Wasser der Nordsee plätschert leise, ausnahmsweise. Fliegen brummen, Bienen summen. Kleine Schwärme von Staren schwirren durch die salzgetränkte Luft. Gegen Abend werden sie sich mit anderen vereinen, wenn auch nicht genau am **nördlichsten Punkt** des deutschen Festlands. Eine eifrige Grille am Wegesrand mischt sich in entferntes Gänsegeschnatter ein. Immer wieder ziehen Vögel in Grüppchen durch die Luft. Vermutlich Nonnengänse, die ersten Durchreisenden.

Hinter dem weitläufigen Naturschutzgebiet wirkt es geordneter. Zurück in der Zivilisation. Noch leuchtet eine Bienenwiese, und auch hier spielt die Musik der Natur, sind fleißige Insekten am Werk. Kaum Autos auf der Straße, dafür sind umso mehr Radelnde unterwegs, die im **Café Zollhaus** einkehren oder vor dem alten Grenzhäuschen picknicken. Das fast 70 Jahre alte Gebäude soll renoviert und künftig mit Trinkwasser und Toilette ausgestattet werden.

EIN MAJESTÄTISCHER SEEADLER SEGELT MIT WEITEN SCHWINGEN ÜBER DIE STILLE DER SCHILFFLÄCHEN

In **Rudbøl** (oder Ruttebüll) wirkt die Grenze wesentlich offizieller. Fahnen schlackern im Wind, eine Kamera schaut von oben auf die Straße. Über allem breitet sich eine wohlige ländliche Ruhe aus, und jemand angelt im See. Ein Stück weiter ziehen die Fischerhäuschen von Rosenkranz die Aufmerksamkeit auf sich. Wie Perlen auf einer Schnur säumt eines neben dem anderen die gleichnamige Straße.

Emil Nolde schwärmte von Rosenkranz, nannte es gar »das schönste Dorf in unserem Friesenlande«. Zusammen mit seiner Frau Ada bebaute er eine Warft unweit der Grenze und nannte sie Seebüll, die heutige **Nolde-Stiftung**. Unweit davon ging der Maler gerne zum Angeln am **Hülltofter Tief.** Wieder einmal herrscht Stille, nur ein vereinzeltes Boot schaukelt im See. Man muss nicht stundenlang versuchen, Fische zu fangen, um die meditative Kraft der Wehle – des durch Deichbruch entstandenen Sees – zu spüren.

Kleine Pause am alten Grenzhäuschen.

Rund um die Nolde-Stiftung führen schmale Wege in die Natur.

Unweit der Grenze sorgt ein Naturschutzgebiet für friedvolle Ruhe.

RADELN & GENIEßEN

» START

Parkplatz am Hülltofter Tief

Vom Hülltoftweg rechts in den Revtoftweg und links den Nordosterdeich bis zum Ende weiterfahren. Über Beim Siel und Neudorf streift man Rodenäs, biegt schließlich rechts auf den Ophusum.

KM 12

1 Der nördlichste Punkt des Festlands

Im Vogelparadies

Hoch oben im Rickelsbüller Koog in der Gemeinde Rodenäs verläuft die deutsch-dänische Grenze. Ein Pfeiler weist auf die Grenzziehung von 1920 hin, bei der auch die Noldes ihre Stimme abgegeben hatten. Ein größerer Stein erinnert an das gemeinsame Deichprojekt beider Länder ab den späten 1970er-Jahren. Von dessen Krone sieht man auf das Meer und das flache, unspektakuläre Land der Region, dessen stille Schönheit und wildes Leben der Maler liebte. Das größte Spektakel bieten heute die Vögel des Naturschutzgebietes, wobei auf dänischer Seite weitaus mehr los ist! Während im Röhricht etwa Uferschnepfe und Feldlerche hausen, lassen sich auf den freien Flächen am Wasser unzählige Grau- sowie Weißwangengänse, auch Kiebitze und Kanadagänse sichten.

Zurück an der Grenze entlang bis Norddeich 3.

Ein Stein, eine Grenze, ein gemeinsamer Deich.

Beliebt auch bei Paddelnden: der Rüttebüller See.

In Rudbøl geht es gemütlich zu.

KM 21,5

Rudbøl

③ Über die Grenze spazieren

Der vielleicht schönste deutsch-dänische Grenz-übergang liegt am Rüttebüller See. Einer in den Farben Grün und Blau. Einer, der dazu einlädt, immer wieder über die Grenze zu spazieren. Wasser rechts und links, ab und an fährt ein Boot über den See oder zieht nach links über die Vidå in Richtung Nordsee. Rudbøl, ein ehe-maliges Fischerdorf, hat sich viel historische Bausubstanz bewahrt. 1909 verbrachte Nolde einen Sommer in dieser Umgebung, es entstan-den religiöse Gemälde wie ein Abendmahl. Nach der Volksabstimmung 1920 wurden Ort und See durch die neue Grenzziehung geteilt.

Links in den Noldeweg abbiegen und ihm bis Seebüll folgen.

KM 14,5

Café Zollhaus

② Waffeln schlemmen

Über eine Rampe geht es hinauf ins Café, das schon von Weitem durch die roten Sonnenschir-me auf der Terrasse ins Auge fällt. Ralph und Jens Teßmann fabrizieren von freitags bis mon-tags köstliche Kuchen, Torten, leckere Waffeln und ein paar herzhafte Dinge wie Tagessuppen. Wer sich im Innern umschaut, dem fällt gleich die riesige Bücherwand auf, die nicht nur für Ge-mütlichkeit sorgt. Gäste können sich hier bedie-nen oder ein bereits gelesenes Buch dem Café überlassen. Dieses bildet einen Teil der Kultur-station Zollhäuser mit ihrem abwechslungs-reichen Programm. (cafe-zollhaus.business.site)

Über Norddeich und die Grenzstraße geht es bis zur nächs-ten Grenze.

Draußen sitzen und genießen, das geht im Café Zollhaus.

Das selbst entworfene Haus des Malers thront auf der Warft.

KM 24

④ Museum und Garten der Nolde-Stiftung
Im Farbrausch

Von Frühsommer bis in den Herbst ist Seebüll eine Pracht.

Was für ein Fest! Im Garten des Museums wimmelt es nur so von Schmetterlingen und Hummeln, die jene üppige Komposition aus blühenden Bäumen und Blumen lieben. Dazu ein Teich und ein kleines Gartenhaus, eine Mischung aus Südsee-Hütte und Friesenkate. Schmale Pfade, die von Emil und Ada Nolde in der Form ihrer Initialen angelegt worden sind, führen durch den Garten. Wie eine Liebeserklärung. Im Hintergrund erhebt sich das Haus der beiden auf einer Warft, einem künstlichen Hügel. Es beherbergt die Sammlung, die jährlich wechselnd in Teilen ausgestellt wird. Seebüll nannten sie ihren Zufluchtsort inmitten der Marschlandschaft. Zu jener Zeit war die Gegend meist vom Herbst bis zum Frühjahr überschwemmt, sodass fast jeder Haushalt ein Boot besaß – auch die Noldes. (www.nolde-stiftung.de)

Weiterhin Seebüll folgen, dann rechts auf den Revtoftweg und wieder rechts auf den Hülltoftweg abbiegen.

EXTRA INFOS:

Der ● **Rudbøl Grænsekro** mit guter Hausmannskost ist bei Einheimischen wie Gästen beliebt. So mundet etwa die Spezialität der Marschbauern: Rinderbraten mit Perlzwiebeln. Vegetarische Optionen stehen ebenfalls zur Wahl. (rudbol.dk)

Ein Teilstück des 54 Kilometer langen ● **Marskstien** durch die Kulturlandschaft der Tondernmarsch zu wandern, eröffnet neue Perspektiven. Zum Beispiel ab dem oben erwähnten Grenzhäuschen bis Højer.

KM 26 » ZIEL
Parkplatz am Hülltofter Tief

KM 26

Hülltofter Tief

⑤ Wasserfreuden

Der Binnensee war nach einem Deichbruch im 16. Jahrhundert als Wehle entstanden und erstreckte sich zu Zeiten des Malers auf etwa doppelt so großer Fläche. Nolde liebte es, mit seinem Boot zum Angeln hinauszufahren. Heute wirkt das ruhige Gewässer unweit von Seebüll von oben betrachtet wie die gebogene Form eines springenden Fisches. Immer noch sieht man die Leute mit Paddelbooten hinausziehen, doch ist der See mit dem kleinen Sandstrand auch als Naturbadestelle beliebt. Am Ende der Tour lässt es sich hier wunderbar entspannen und im seichten Wasser treiben. Oder einfach ein bisschen auf den schmalen Wegen rundherum flanieren.

Geparkt wird schräg gegenüber des kleinen Strands.

Einst eine Wehle, heute ein See zum Baden und Paddeln.

Saltvandssøen

Wadden Sea
World Heritage

1 Nördlichster Punkt Festland ● Markstien Wanderweg

2 Café Zollhaus

Dänemark
Deutschland

STRECKE MIT GESCHNATTER
IM NATURSCHUTZGEBIET!

Wattenmeer
nördlich des
Hindenburgdammes

Rickelsbüller
Koog

Nordhörn

Rickelsbüller
Koog

Rodenäs

MANCHMAL
KOMMEN EINEM
TIERE ENTGEGEN

N

0   1   2 KM

Klanxbüll

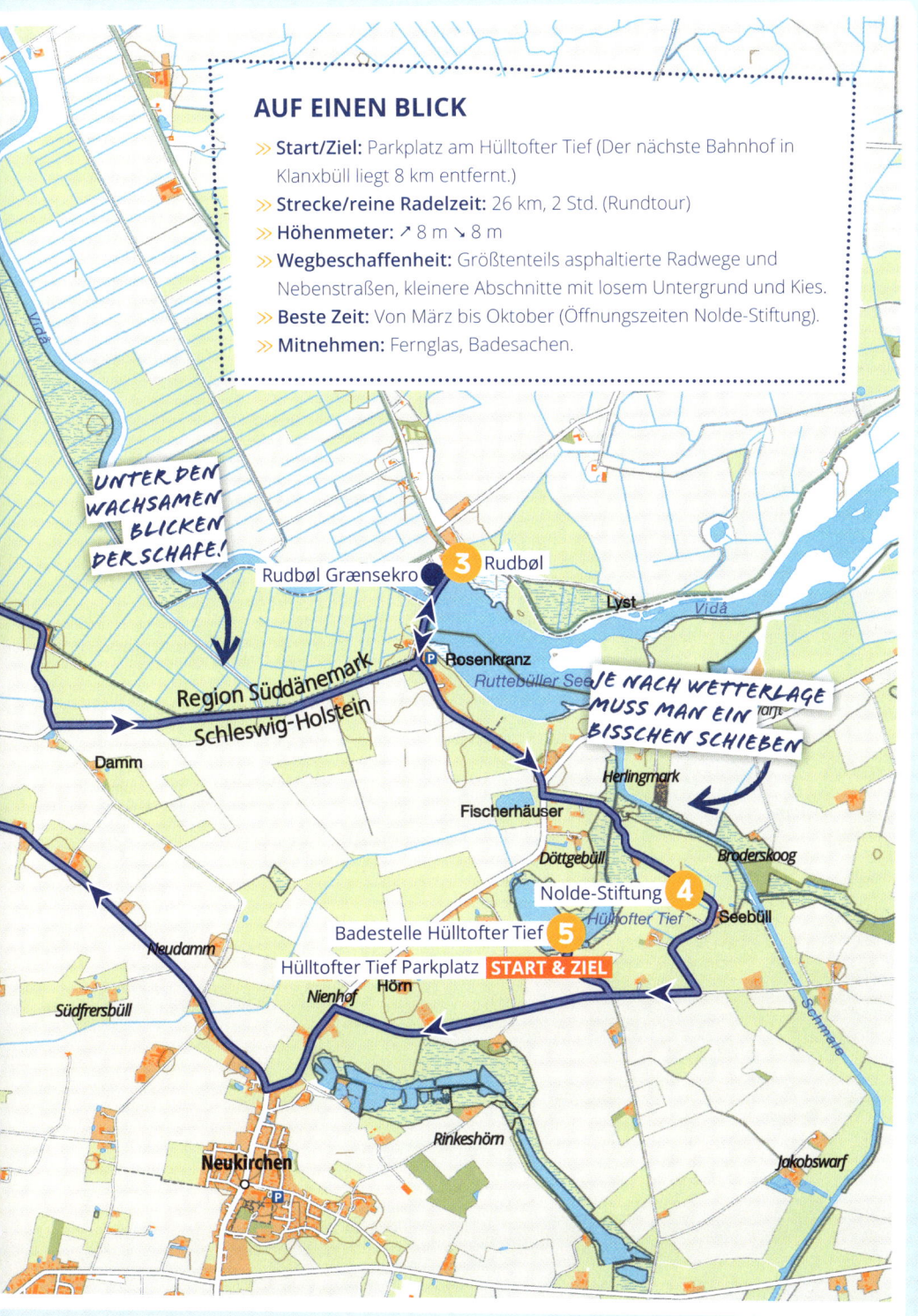

AUF EINEN BLICK

» **Start/Ziel:** Parkplatz am Hülltofter Tief (Der nächste Bahnhof in Klanxbüll liegt 8 km entfernt.)
» **Strecke/reine Radelzeit:** 26 km, 2 Std. (Rundtour)
» **Höhenmeter:** ↗ 8 m ↘ 8 m
» **Wegbeschaffenheit:** Größtenteils asphaltierte Radwege und Nebenstraßen, kleinere Abschnitte mit losem Untergrund und Kies.
» **Beste Zeit:** Von März bis Oktober (Öffnungszeiten Nolde-Stiftung).
» **Mitnehmen:** Fernglas, Badesachen.

UNTER DEN WACHSAMEN BLICKEN DER SCHAFE!

Rudbøl Grænsekro **3** Rudbøl

Lyst

Vidå

Rosenkranz

Region Süddänemark

Schleswig-Holstein

Ruttebüller See

JE NACH WETTERLAGE MUSS MAN EIN BISSCHEN SCHIEBEN

Damm

Herlingmark

Fischerhäuser

Broderskoog

Döttgebüll

Nolde-Stiftung **4**

Seebüll

Hülltofter Tief

Badestelle Hülltofter Tief **5**

Neudamm

Hülltofter Tief Parkplatz **START & ZIEL**

Hörn

Nienhof

Schmale

Südfrersbüll

Rinkeshörn

Jakobswarf

Neukirchen

DIE RADELPAUSEN

>> START
Bahnhof Morsum

KM 2
1 Morsum Kliff
Erdgeschichte erleben

KM 10
2 Vorm Deich zwischen Morsum und Rantum
Das Watt preisen

KM 16,5
3 Rantumbecken
Gemütlich cruisen

ALLE 2 FARBEN SYLTS

Quer durch die Inselmitte
von Morsum nach Westerland

Vom gelben Kliff kommend, erscheint das Watt bei Ebbe wie eine andere Welt. Eine, die in Auflösung begriffen ist. Und der Weg entlang des Rantumbeckens ist ein Zugeständnis der Natur an die Radelnden, viel Platz bleibt zwischen den Wassern nicht. Gelb, Grün, Blau – so malt die Natur der Insel.

KM 18,5

4 Sylter Kaffeerösterei
Ein Duft liegt in der Luft

KM 22

6 Eidum Vogelkoje
Sich im Wald verlieren

KM 20

5 Baakdeel-Rantum Strand
Wellness ohne Plan

KM 25 » ZIEL
Bahnhof Westerland

LANGSAM ERWACHT DER TAG ...

 ... in Morsum. Nur wenig Leute erkunden schon früh das bizarre **Kliff**, das Erdgeschichte in Gelbschattierungen erzählt. Die schmalen Straßen rings um Morsum wie leer gefegt. Nichts los vorm Deich, allenfalls zehn Schafe, drei Leute auf dem Rad und ein Jogger. Früh aufstehen lohnt sich. Aus dem Watt erklingen vereinzelte Vogelrufe, ein Schwarm von Gänsen über der Marsch durchbricht die Ruhe des Morgens.

Ein Geruch nach Tang wabert durch die Luft. Grüne Kleckse im **Watt**, kleine Haufen sind auf der Böschung platziert. Am Wegrand hat das Schaffen der Küstenschützer Spuren hinterlassen: ein Bündel Faschinen, das der Ausbesserung vorhandener Buhnen dient. Geometrische Muster im Schlick.

EIN KIESWEG MIT PFÜTZEN, DIE MAN SCHLENKERND UMFAHREN KÖNNTE. BEINE HOCH UND MITTENDURCH

Der Weg vor dem Deich füllt sich langsam, weit und breit nur Schafe, Radelnde und das Watt. Bis zum Leuchtturm von Hörnum reicht der Blick. Der schmale Streifen Land, die Dünenkette von Rantum und die Konturen des Ortes werden immer deutlicher. Und doch ist es noch ein Stück des Weges, etwas langsamer geht es auf dem schmalen, gewundenen Damm zwischen Watt und Rantumbecken weiter.

Noch ein stiller Gruß an die Kormorane auf den Inseln im **Rantumbecken**, und man hat sich Kaffee und besten Kuchen in der **Sylter Kaffeerösterei** nach der Strampelei redlich verdient. Beim Naturschutzgebiet von Baakdeel in Rantum schiebt man das Rad zu einen der Ständer und begibt sich zu Fuß auf die Dünentreppe zum **Strand**: links eine Sauna, rechts ein Feld für Beachvolleyball und ein Hundestrand. Weiter hinten ist fast niemand mehr zu sehen außer den ewigen Strandläufer:innen. Also Schuhe aus und den weichen Sand unter den Sohlen fühlen. Kneippen oder baden? Alles ist möglich.

Auf dem Rückweg zum Rad zirpt noch eine letzte, dafür umso lautere Grille in den Heckenrosen. Das ewige Lied vom Sommer. Fehlt noch? Das Eintauchen in den geheimnisvollen Wald vor Westerland, bei der **Eidum Vogelkoje**.

Einmal über den Deich radeln.

Ein Treppengeländer, das sich zur Fellmassage eignet.

Die »Reisenden Riesen« von Künstler Martin Wolke.

RADELN & GENIEßEN

» START
Bahnhof Morsum

Sylter Straßennamen sind kompliziert: Von Bi Miiren rechts in Terpstig biegen und über Litjmuasem nach Nösistig radeln.

KM 2

① Morsum Kliff
Erdgeschichte erleben

Am Parkplatz der Straße Nösistig kann man auch sein Rad stehen lassen und sich den Kapriolen der Natur am Kliff ganz in Ruhe widmen. Je nachdem, wie viel Zeit man investieren möchte, bietet sich entweder die etwa einstündige Runde ums Kliff an oder der direkte Weg zum Aussichtspunkt. Für eine intensive Runde beginnt man am besten in Klein Afrika und nimmt anschließend den Pfad am Watt entlang, um ein Stück Erdgeschichte hautnah zu erleben. Das Kliff zählt zu den ältesten Naturschutzgebieten Schleswig-Holsteins. Es gibt Gesteinsschichten, die zehn Millionen Jahre alt sind. Damals bedeckte eine viel wärmere Ur-Nordsee zwei Drittel von Schleswig-Holstein, und auf Sylt herrschte ungefähr ein Klima wie heute an der afrikanischen Atlantikküste.

Dieselbe Strecke zurück bis Brenseeker und Kialengung. Rechts auf Gungwai, links auf Uasterjen durch Osterende fahren. Noch mal links auf Muasem Gaat bis zum Deich. Und rüber!

Millionen Jahre alte Gesteinsschichten prägen das Kliff.

Rechts Wasser, links Wasser: Rad fahren am Rantumbecken.

KM 10

2

Vorm Deich zwischen Morsum und Rantum

Das Watt preisen

Einfach mal grundlos absteigen und die Weite des Watts genießen. Durchatmen, sich in die Luft strecken, ja, ganz lang machen. Die Arme ausbreiten, als wolle man den Morgen umarmen und dem Watt eine kleine Liebeserklärung machen. Alle lieben die Westküste und das Rauschen des Meeres im Westen. Doch die Wattseite der Insel ist besonders, so ruhig und gleichzeitig voller Leben. Wie ein Spiegel rühmt der feuchte, glitzernde Boden die Wolkengebilde – in den Pfützen, die das Meer hinterlassen hat. Bis jenes zurückkommt, das ewige Lied von Ebbe und Flut singend. Am besten kennen sich die Watvögel hier aus. Etwa die geselligen Knutts oder die Alpenstrandläufer, die mit längeren Schnäbeln nach Nahrung picken.

Dem Weg folgen und hinauf zum Infohäuschen, um auf die Kiesstrecke zu wechseln.

KM 16,5

3

Rantumbecken

Gemütlich cruisen

Über den schmalen Weg ums Rantumbecken kann man flanieren oder Rad fahren Ab und zu stehen bleiben und einen Blick auf das Geschehen unter den Vögeln werfen. Es ist die Welt der Schwäne, Enten, Gänse und Kormorane dort unten. Ein Graureiher steht wartend im flachen Wasser. Ein typischer Solist. Fast unbeweglich, wie eine Skulptur. Nur mit einem guten Objektiv oder Fernglas kommt man dem Federvieh näher. Doch reicht es auch völlig, den sich windenden Weg zwischen Watt und Wasser zu genießen. Viel Platz bleibt für Pausen nämlich nicht an Tagen mit höherem Radaufkommen. Hier ist eindeutig der Weg das Ziel. Und der ist außergewöhnlich.

Am Ende der Strecke noch vor dem Jachthafen auf die Hafenstraße fahren.

Wenn der Boden nach Meer duftet.

Doppelter Genuss: Cortado und Windbeuteltorte.

KM 20

5 Baakdeel-Rantum Strand
Wellness ohne Plan

Sylt ohne Strand geht gar nicht. Und bei Baakdeel scheinen die Dünen besonders schön, der Strand hell, das Meer an Tagen wie diesen gediegen. So könnte das Programm aussehen: sitzen, wälzen, meditieren und ein paar Tropfen Gischt auf der Haut spüren. Liegend im Himmel versinken und der gesprächigen Brandung zuhören, die dabei tosender wirkt, als sie ist. Ein Stück an der Wasserkante entlangzulaufen entspannt übrigens mehr als ein ganzes Wochenende zu Hause. Allein dem Sound der See zuzuhören. Sind die Hosenbeine nass geworden, da von einer ausrollenden Welle getroffen, und dekorativ beklebt mit Sandkörnern in wilden Grüppchen? Kein Problem, it's Sylt!

Einfach den breiten Radweg der Hörnumer Straße in Richtung Westerland genießen, bis rechts das Schild zur Eidum Vogelkoje auftaucht.

KM 18,5

4 Sylter Kaffeerösterei
Ein Duft liegt in der Luft

Rantumbecken-Radelnde stillen hier ihren Hunger. Doch auch aus Hörnum kommen die Genusssüchtigen. Der Radparkplatz ist voll, die Kuchenvitrine zum Glück auch. Köstlichkeiten, von locker-trocken bis verführerisch-cremig. Ein wahres Wunder die Windbeuteltorte mit roter Grütze! Dazu mundet der vermutlich beste Cortado außerhalb Spaniens. Drinnen verströmen die Bohnen in der Röstmaschine angenehme Düfte, die die ganze Bude ausfüllen. Eine Schlange hat sich vor der Kasse gebildet, während man überlegt, vielleicht eine der Röstmischungen als Souvenir zu erstehen. (www.kaffeeroesterei-sylt. com)

Der Hafenstraße weiter folgen, am Ende die Hörnumer Straße überqueren und links weiter bis zum Naturschutzgebiet von Baakdeel.

Ein Stück urtümlicher Wald lockt zur alten Vogelkoje.

Typisch Sylt:
Die Brandung schäumt.

EXTRA INFOS:

Wer sich nicht zwischen Restaurant und Imbiss entscheiden kann, aber auf kulinarische Raffinessen steht, wählt das lässige ● **Bistro S-Point** hinter den Dünen von Westerland. Füße in den Sand und leckere Dinge schlemmen. (s-point-sylt.de)

Longe-Côte heißt »entlang der Küste« laufen, allerdings im brusthohen Wasser. Auch auf Sylt gibt es einen zertifizierten Weg fürs **Wasserwandern**. (www.supsurf sylt.de/wasserwandern)

KM 22

KM 25 » ZIEL
Bahnhof Westerland

6 Eidum Vogelkoje
Sich im Wald verlieren

Es gibt sie noch, die stillen Orte auf der Insel. Etwa bei der Vogelkoje, nur wenig abseits der L 24. Interessierte erfahren hier, was die Sylter einst mit den in den Fangpfeifen der Koje gefangenen Wildenten gemacht haben. Das Schönste aber ist ein Spaziergang einmal rund um den Teich durch den Kojenwald. Seltsam verwunschen und dicht wirkt er, eine echte Überraschung im eher waldarmen Nordfriesland. Der Weg ist schmal, die Natur darf wuchern, ganz sie selbst sein. Es duftet erdig, und überall sprießt der Farn. Und durch den sumpfigen Bruchwald geht es über einen Holzsteg. (www.hegering-sylt.de/eidum-vogelkoje)

Zurück auf die L 24 und immer geradeaus gen Norden. Der Bahnhof liegt rechter Hand.

Currywurst mit Pfiff gibt es im Bistro S-Point.

Bistro S-Point

MUNKMARSCH

Westerland

ZIEL Bahnhof Westerland

Tinnum

Südwäldchen

Tinnumburg

Baggerkuhle

6 Eidum Vogelkoje

Rantumbecken

SCHÖNER BREITER RADWEG!

Baakdeel-Rantum/Sylt

Rantumbecken

UMZINGELT VOM WASSER

5 Baakdeel-Rantum Strand

3 Rantumbecken

4 Sylter Kaffeerösterei

Naturschutzgebiet
Nordfriesisches
Wattenmeer

Rantum

N

Ø   1   2 KM

Longe Côte – zertifizierter Weg
zum Wasserwandern

AUF EINEN BLICK

» **Start:** Bahnhof Morsum
» **Ziel:** Bahnhof Westerland
» **Strecke/reine Radelzeit:** 25 km, 2 Std. (Streckentour)
» **Höhenmeter:** ↗15 m ↘20 m
» **Wegbeschaffenheit:** Asphaltierte Radwege, ein längerer Kiesweg und Nebenstraßen.
» **Beste Zeit:** Von April bis Ende September.
» **Mitnehmen:** Fernglas, Packtasche, eventuell Badesachen.

Grünes Kliff

Keitum

Wattenmeer nördlich des Hindenburgdammes

Morsum

NSG

Nössekuhle/

Archsum

Bahnhof Morsum **START**

1 Morsum Kliff

UND ÜBERALL GLITZERT DAS WATT!

Merelmerskhoog

SYLT MAL ANDERS: RUHIG, LÄNDLICH, UNPRÄTENTIÖS

Osterende

2 Watt

Katrevel

DIE RADELPAUSEN

HYGGE FÜR ANFÄNGER:INNEN 3

Unterwegs in deutsch-dänischen Gefilden

Das Landschaftsbild wechselt beim Überqueren der Grenze kaum, und doch ist alles anders. Sind es die Häuser, die Sprache, die Menschen? Alles wirkt ein bisschen freundlicher und kuscheliger. Hygge ist in Dänemark eben eine Lebenseinstellung, welche man gleich hinter der Grenze erleben kann.

KM 22,5

5 Alter Wasserturm, Højer
Aus der Vogelperspektive

KM 14,5

4 Antikladen Café Og Butik Slotsgaden
Lost in time

KM 37,5 » ZIEL
Aventoft, Parkplatz
Dorfstraße hinterm Deich

FAST VERSCHLAFEN WIRKT ...

... Aventoft am späten Morgen. Nichts los an der nahen Grenze, unauffällig wirkt die kleine Brücke über der stillen Sønder Å (Süderau). Wären da nicht die Schilder von Møllehus, man würde den Wechsel nicht einmal bemerken. Dänemark also. In der ländlichen Gegend ragen vereinzelt Backsteinbauten zwischen Äckern und Wiesen empor. Lila blüht der Flieder am Wegesrand, gelb wiegt sich der Raps im Wind. Solche Eindrücke regen zu Umwegen an, der Weg wird zum Ziel, das Eintauchen in die Düfte und Farben der Landschaft.

Schon von Weitem sind die Konturen von **Tønder** auszumachen, wie eine Landmarke ragt der Turm des **Kunstmuseums** hinter gelb blühenden Feldern in die Höhe. Schon lange verschwunden der Hafen, als sich die Küstenlinie mit dem Deichbau änderte. Heute liegt Tønder nur mehr an den Wassern der Vidå (Wiedau). Ein sandiger Weg unter blühenden Kastanien am Ufer entlang, da möchte man absteigen, flanieren. Auf der anderen Seite weitet sich der Fluss, hier ist eine neue Chill-out-Zone mit schwungvoll geführten Holzbänken zwischen Schilf und Seerosen entstanden.

IN DEN HIMMEL HÜPFEN.
DAS KLEINE TRAMPOLIN AN
DER VIDÅ IST FÜR ALLE DA

In den Gassen der Stadt verlangsamt sich das Tempo automatisch, im Kern geht es nur noch zu Fuß weiter. Und ewig lockt der Schwarzbrotkuchen im Klostercafé auf dem zentralen Torvet. In Sachen hygge ist nur eine winzige Steigerung möglich: Møgeltønder empfängt einen mit altem Kopfsteinpflaster. Gelobt sei eine gute Federung! Der Park von Schloss **Schackenborg**, die Katze vom halb offiziellen Begrüßungskomitee, die alten Backsteinhäuser, die weiße Kirche – schon manch einer hat sich gleich hier in Dänemark verliebt.

Nach Kaffee und Shopping im **Slotsgaden**, vorbei an den Feldern, weht einem der Wind um die Nase. Die Vidå wirkt schon wie eine alte Bekannte, die sich beim Grenzort Rudbøl, wo man den alten **Wasserturm** besuchen kann, zum Rüttebüller See weitet. Fahnen schlackern im Wind, Boote ziehen übers Wasser. Man möchte bleiben oder immer wieder die kaum sichtbare Grenze überqueren. Denn genauso niedlich ist Rosenkranz auf der anderen Seite. Und zurück in Aventoft kann der Tag auf dem Deich ausklingen.

Wenn der Flieder am Wegesrand duftet.

Der Pfad an der Wiedau lädt zum Absteigen ein.

Møgeltønder ist hyggelig, meint auch die Katze.

RADELN & GENIEßEN

» START

Aventoft, Parkplatz
Dorfstraße hinterm Deich

Die Dorfstraße führt in nördlicher Richtung zum Grenz-
übergang Møllehus und über den Fluss Sønder Å. Links
auf den Ubjergvej abbiegen, hier herrscht kaum Verkehr.
Ein gutes Stück hinter Ubjerg Kirke links auf den beque-
men Radweg nach Tønder und noch einmal links über
den Sønderlandevej hinein ins Städtchen.

Der Roggenbrotkuchen, eine
Spezialität der Gegend.

KM 8,5

1

Klostercafé, Tønder

Mitten im städtischen Leben

Tønder gilt nicht nur als eine der ältesten Städte
Jütlands, hier lebt es sich auch gemütlich. In der
Fußgängerzone heißt es absteigen und sich dem
Rhythmus anpassen. Am Klostercafé auf dem
zentralen Marktplatz kommt man nur schwer
vorbei, da schon die weiß getünchte Giebel-
architektur alle Blicke auf sich zieht. Ein Gebäude
aus dem Jahre 1520 mit einer großen Linde davor, unter deren Schatten es sich im Sommer
gut sitzen lässt. Sonst eben drinnen zwischen
historischen Wandkacheln und Holzvertäfelun-
gen. Man lässt es sich gut gehen, bei Kaffee,
Kuchen oder einem warmen Mittagsgericht.
Ganz Tønder trifft sich bei Sonnenschein hier, so
scheint es.

Der Blick vom Wasserturm reicht
von Tønder übers Marschland.

Wieder hinaus aus der Fußgängerzone zur Vidå und auf
dem Kongevej, der fast kreisförmig um die Stadt führt,
zum Museum, gut erkennbar an dem Alten Wasserturm.

SCHÖNE PAUSE IM SCHLOSSPARK!

KM 14

③ Schackenborg, Møgeltønder
Es grünt so grün

Es rappelt unterm Sattel, als das alte Kopfsteinpflaster erreicht ist. Zu beiden Seiten von Slotsgaden dehnen sich die Parkanlagen von Schloss Schackenborg aus, daran anschließend die hübschen Backsteinhäuser von Møgeltønder. Der dänische Prinz Joachim und seine Familie haben bis 2014 im Südflügel des Schlosses gewohnt, heute stehen Architektur und Park für Veranstaltungen, Führungen und kulinarische Stopps zur Verfügung. Man könnte einen Blick auf die herrschaftliche Architektur werfen, sich an den üppigen Rhododendronhecken erfreuen und den Fröschen in den Wassergräben lauschen. Zeit für eine Verschnaufpause im Grünen. (schackenborg.dk/de)

Gleich um die Ecke geht's weiter.

KM 9

② Museum Sønderjylland
Staunen und singen

Egal, ob man sich in Kunstobjekte vertiefen will, Designerstühle begutachten oder ein Stück Geschichte der Gegend erfahren möchte: Der Gebäudekomplex des Museums Sønderjylland hat von all dem etwas in petto plus besten Ausblick aufs Marschland aus dem einstigen Wasserturm. Gleich hinterm Eingang betritt man eine in kräftigem Blau getünchte Rotunde mit einem Loch in der Mitte des Dachs und muss kurz ans römische Pantheon denken. Bei bester Akustik fühlt man sich gleich zum Summen oder Singen inspiriert. (msj.dk/de/kunstmuseum-tondern)

Ein Stück dem Kongevej in westlicher Richtung folgen, dann über Strucks Alle und Bargumsvej auf Vestre Omfartsvej. Am Kreisverkehr auf Møgeltønder Omfartsvej über Schackenborgvej nach Møgeltønder.

Deko-Artikel und viel Vintage sind in Møgeltønder zu finden.

KM 14,5

4

Antikladen Café Og Butik Slotsgaden

Lost in time

Die Institution von Møgeltønder ist ein geräumiger Laden, voll mit wunderbaren Dingen, die eine Geschichte in sich tragen. Der Antikladen führt verschachtelt von Slotsgaden 14 durch urige Räumlichkeiten mit Backsteinwänden und Holzbalken des ehemaligen Bauernhauses Posselts Gård, einem vierflügeligen Hof aus dem 18. Jahrhundert. Altes und Neues, Möbel und Einrichtungsdesign, Selbstgemachtes und Antikes auf 400 Quadratmetern Fläche. Nur schade, dass sich auf dem Rad nicht so viel transportieren lässt. Man kann sich mit einer Suppe oder einem Salat trösten. (cafeslotsgaden.dk)

Südlich von Møgeltønder der Straße Kogen folgen, bis man rechts über Ved Åen nach Rudbøl gelangt.

EXTRA INFOS:

Højer wirkt einladend. So lässt es sich bei einem Kaffee gemütlich im Garten bei der alten ● **Holländermühle** verweilen. Und im Anschluss die Ausstellung in ihren ehemaligen Kornspeichern anschauen. (msj.dk/de/die-muehle-von-hoeje)

Im Frühjahr und Herbst treffen sich Naturliebhaber:innen in Scharen am Deich von Aventoft, um ein einzigartiges Spektakel am Himmel zu erleben, das Ballett der Stare. Auf Dänisch ● **Sort Sol**, schwarze Sonne.

KM 22,5

5 Alter Wasserturm, Højer
Aus der Vogelperspektive

KM 37,5 » ZIEL
Aventoft, Parkplatz
Dorfstraße hinterm Deich

Tritt man ein in das runde Backsteingebäude, wirkt das Innere spartanisch. Eine Wendeltreppe führt hinauf in den 20 Meter hohen Turm. Nicht unbedingt einer von denen, die einen außer Puste geraten lassen. Eher einer für den schnellen Genuss der Gegend aus der Vogelperspektive. Oben weht der Wind, und die Stadt breitet sich zu den Füßen aus. Das hübsche Højer mit seinen teils alten, reetgedeckten Häusern. Es ist wie ein Bummel aus der Luft. Und der Blick schweift weiter über das Marschland bis zum Meer. Bei klarem Wetter sind die Schwesterinseln zu erkennen, Sylt und Rømø. Højers Fährfahrten nach Sylt standen noch zu Anfang des letzten Jahrhunderts hoch im Kurs. Heute schaukeln nur mehr kleine Boote im Wasser bei der Schleuse.

Auf Højer Dige abbiegen und immer geradeaus über Ved Gaden und Rudbølvej zur Grenze in Rudbøl fahren. Parallel zum Rüttebüller See geht es über die Aventofter Landstraße zurück zum Ausgangspunkt.

Hinauf auf den 20 Meter hohen Backsteinturm!

Kærgård

Emmerlev

Skov

Sølersbæk

Frifelt

Daler

Østerby

Højer

5 Alter Wasserturm

Snur-om

Højer Mühle

Lindskov Møllestrøm

Gejelsbæk

Brink

Kannikhus

Søgård

Wadden Sea
World Heritage

Saltvandssøen

DIE WEITE DER
MARSCH GENIESSEN

Nørremølle

Poppenbøl

Region Süddänemark
Schleswig-Holstein

Buttebüller
See

Lyst

Rickelsbüll

Dänemark
Deutschland

Herlingmark

N

Rodenäs -
Kirche

Fischerhäuser

Døttgebüll

0   1   2 KM

Damm

Nord
Feddersbüll

Seebüll

Rodenäs

Klixbüll

AUF EINEN BLICK

» **Start/Ziel:** Aventoft Parkplatz (Der nächste Bahnhof ist in Tønder, es fahren Züge von Niebüll dorthin.)
» **Strecke/reine Radelzeit:** 37,5 km, 3 Std. (Rundtour)
» **Höhenmeter:** ↗ 17 m ↘ 17 m
» **Wegbeschaffenheit:** Radwege und Nebenstraßen.
» **Beste Zeit:** Ganzjährig außerhalb der Sturmsaison.
» **Mitnehmen:** Eine Packtasche für eventuelle Mitbringsel aus Møgeltønder.

ENDLICH EIN BISSCHEN WINDSCHUTZ!

WO ES IM FRÜHSOMMER NACH FLIEDER DUFTET

DEN WEG HAT MAN FAST FÜR SICH

Nørtoft
Møgeltondern
4 **3** Schackenborg
Antikladen
Kogen
Sydfelt
Tondern
Korntved
Rørkær Mark
Rørkær
1 Klostercafeen
2
Museum Sønderjylland
Dyrhus
Grønå
Lillestrøm
Engholm
Ny Møllehus
Ubjerg
Sæd
Grippenfelt
Møllehus
Bremsbøl
Sæd Grænse
Sort Sol
START & ZIEL Parkplatz Aventoft
Bremsbüller See
Osterstruxbüll
Aventoft
Altflützholm
Westerstruxbüll
Böglum
Neuflützholm
Freesmark
Aventofter Wald
Haasberg

DIE RADELPAUSEN

≫ START
Fähranleger Wyk auf Föhr

1 KM 7
Johannis-Kirche, Nieblum
Ein Friesendom zum Verlieben

2 KM 9,5
Kliff, Goting
Ein bisschen Eiszeit

3 KM 16,5
Strand, Utersum
Frei, verrückt und kreativ

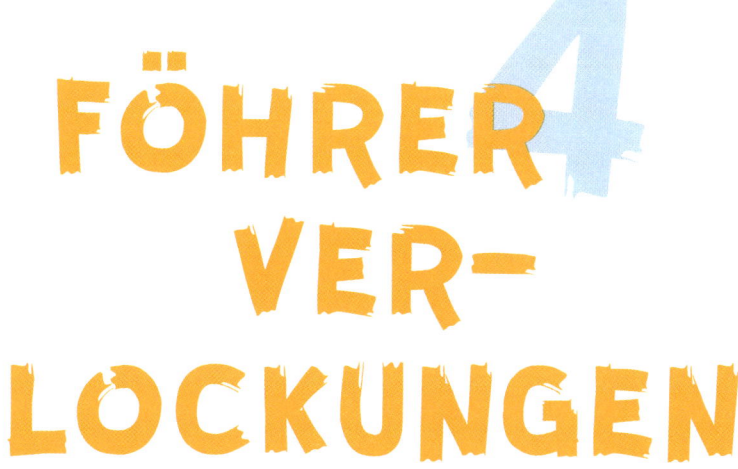

FÖHRER 4
VER-
LOCKUNGEN

Eine Runde über die Insel

Einst formte Föhr einen Teil des nordfriesischen Festlands. Heute besteht die Insel aus Geest und Marschland. Schön flach ist es allemal! Weitgehend ohne Autoverkehr, die Landwirtschaftswege, da ist gemütliches Radeln garantiert. Zudem genug Bäume, die großzügig Schatten spenden.

KM 21

4 Stelly's Hüüs
Nordische Gemütlichkeit

KM 29

6 Mühle, Wrixum
Upcycling eines Kulturdenkmals

KM 26,5

5 Museum Kunst der Westküste, Alkersum
Wellenrauschen an den Wänden

KM 31 » ZIEL
Fähranleger Wyk auf Föhr

DER LEICHTE DUNST AM HORIZONT ...

 ... verspricht einen schönen Tag am Meer. Das Haar weht im Fahrtwind, Möwen folgen dem Schiff. Man kommt an und ist gleich mittendrin in Wyk. Vom Fischfang lebt hier keiner mehr wie einst im 17. Jahrhundert. Heute gilt der Tourismus als treibende Kraft. Alle flanieren am Strand entlang, proppenvoll der von Geschäften flankierte Sandwall und die Cafés. Wyk wirkt fast mediterran, der Strand gehört zur Stadt und die Stadt zum Strand. Es ist der 15 Kilometer lange Strand der Insel, der hinterm Anleger beginnt.

Auch Föhrs grünes Wesen offenbart sich gleich hier. So geht es meist über angenehm halbschattige Wege nach Nieblum. Wie aus dem Ei gepellt die reetgedeckten Häuser, die Bauerngärten, einfach der ganze Ort. Eine historische Schönheit: die **Johannis-Kirche.**

Von Erdgeschichte spricht das **Gotinger Kliff**, wo die Geest bis an den Strand reicht. Auf freier Strecke muss man schon manchmal gegen den Wind strampeln. In **Utersum**, wo Sonnenuntergänge zelebriert werden, beginnt die Strandzeit. Endlich.

AMRUM UND SYLT AM HORIZONT. SAND KITZELT UNTER NACKTEN FÜSSEN, SALZ AUF DER HAUT

Auf der Suche nach einem netten Café werden gerne Süderende und das ehemalige Künstlerdorf Oldsum angesteuert. **Stelly's Hüüs** hat noch ein freies Plätzchen, ansonsten stünden weitere Optionen zur Wahl. Es zieht eine dunkle Wolke am Horizont auf, und niemand ahnt, wohin der Wind sie treibt. Die Oldsumer Mühle ragt zwischen den Feldern am Wegesrand auf, doch vielleicht ist der **Große Erdholländer in Wrixum** noch schöner, seine Geschichte noch interessanter. Dazwischen liegt Alkersum mit dem weit über nordfriesische Grenzen hinaus bekannten **Museum Kunst der Westküste**. Die Föhrer Rosen blühen. Steht man im Garten des Museums, fällt der Blick nicht nur auf den kleinen Bauerngarten und die Strandkörbe. Genau an dieser Stelle lässt sich das Kontinuum von Bau und Umgebung aufspüren.

Zurück nach Wyk, wo der Strand das Leben bestimmt. Schon 1819 avancierte die Stadt zum Seebad, was wenig später den dänischen König anzog sowie den Dichter Hans Christian Andersen. Angeblich hat er auf Föhr am liebsten gebadet.

So darf der Tag beginnen:
mit der Fähre übers Wattenmeer.

Am Sandstrand wird so manch einer
zum Kunstschaffenden.

Schön alt und wie aus dem Ei gepellt:
Inseldorf Nieblum.

RADELN & GENIESSEN

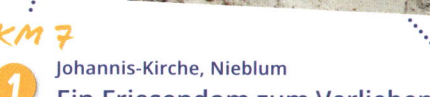

>> START

Fähranleger Wyk auf Föhr

Über Bade- und Gmelinstraße, vorbei am Flugplatz, auf Grevelingstieg und Babendörpstieg nach Nieblum.

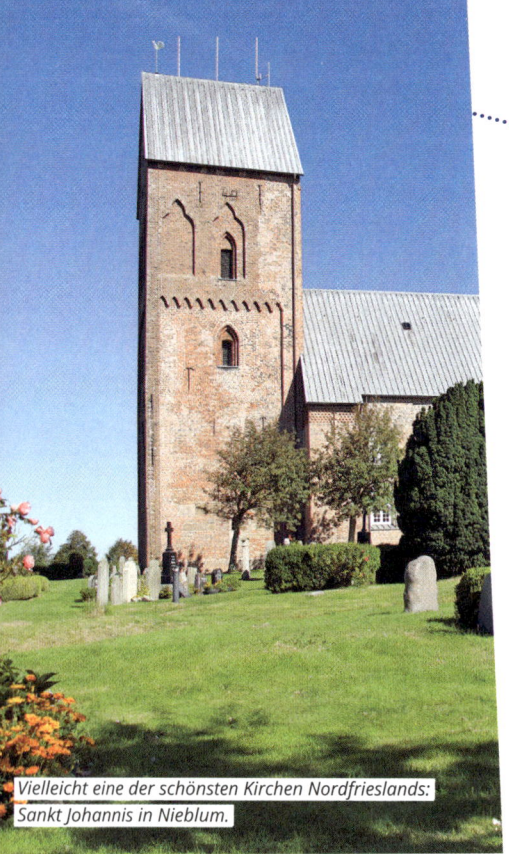

Vielleicht eine der schönsten Kirchen Nordfrieslands: Sankt Johannis in Nieblum.

KM 7

① Johannis-Kirche, Nieblum
Ein Friesendom zum Verlieben

Sankt Johannis streckt sich dem Wolkenhimmel entgegen, ein Backsteinbau mit langer Geschichte. Und eine jener Kirchen, die sich wie ein Kokon anfühlen, sobald man sie betritt. Hinzu kommt die nordische Note mit blauen Bänken, zwischen dem Kalk durchblitzender Backstein und ein in der Luft schwebendes Schiff, das auf die Seefahrervergangenheit der Föhrer hinweist. Voller Leben wirken der Taufstein aus romanischer Zeit sowie der spätgotische Altar. Doch ist kein Kunstwerk zu viel im Raum, das von der mittelalterlichen Architektur ablenken könnte. Es ist eine von diesen Kirchen, in denen man heiraten möchte, ganz spontan. Und draußen? Wartet eine Besonderheit mit dem umgebenden Friedhof, so lesen sich die alten Grabsteine der Seefahrer als Originalstücke Föhrer Geschichte.

Von Rundföhrstraße links auf Bohweg abbiegen und über Greewhuug zum Gotinger Kliff.

Fast übersieht man das Gotinger Kliff, ein Relikt der Eiszeit.

KM 16,5

3 Strand, Utersum
Frei, verrückt und kreativ

Kein Besuch auf Föhr ohne ausgiebige Strand-begehung. Dieses herrliche Sich-ohne-Rück-sicht-auf-Verluste-in-den-Sand-Werfen und da-bei In-die-Sonne-Blinzeln. Schmetterlinge beobachten, die sich am Meersenf laben. Barfuß an der Wasserkante entlangschlendern, ohne auf die Uhr zu schauen. Bei Ebbe das Wasser suchen, den Wattboden dabei näher betrach-ten. Gibt es Spaghetti-Haufen aus feinstem Sand, Ausscheidungen des legendären Watt-wurms? Bei Flut mit Wasser spritzen, planschen, schwimmen. Auf dem Rücken liegend in den Wellen schaukeln und sich von den Wolkenge-bilden inspirieren lassen. Etwas Künstlermagie steckt schließlich in jedem.

Ab Utersum geht es gemütlich über Hoofstich nach Süder-ende und auf Sarkstigh nach Oldsum.

KM 9,5

2 Kliff, Goting
Ein bisschen Eiszeit

Es ist der Rand der Geest, der am Strand von Goting etwa acht Meter abfällt. Auf einer Länge von gut einem Kilometer strebt das während der Saale-Eiszeit entstandene Kliff in die Höhe, aus Sand und Geröll. Die Abbruchkante gab so man-chen Findling preis. Doch nagen Wind und Was-ser am Kliff, das hin und wieder durch Sandauf-spülungen am Strand stabilisiert wird. Mit der Zeit hat sich Sand auf dem Kliff abgelagert, Strandhafer wuchs. Das Kliff scheint sich heute zwischen den Dünen zu verlieren, die geologi-schen Schichten sind nicht mehr zu erkennen. Und doch hat der Ort seinen Charme.

Weiter über Deelswai und Brukswai. Auf dem Klavertsweg durch die Godelniederung. Um Hedesum herum, dann führt die Traumstraße nach Utersum.

Der Utersumer Strand ist auch bei Ebbe schön.

Frieden und friesische Gemütlichkeit in Stelly's Hüüs.

KM 26,5

5 Museum Kunst der Westküste, Alkersum
Wellenrauschen an den Wänden

Die gemeinnützige Stiftung besitzt eine eigene Sammlung, die sich auf die Kunst der Westküste in den Niederlanden, Deutschland, Dänemark und Norwegen von 1830 bis 1930 konzentriert. Jedes Jahr hebt man einen Teil daraus hervor, kombiniert mit Leihgaben aus dem In- und Ausland. Hinzu kommen Wechselausstellungen, oftmals der Fotografie oder Werken der Artists in Residence gewidmet. Ein Teil des Bestands stammt von Otto Heinrich Engel, den es immer wieder auf die Insel zog, bis er quasi zum Inventar wurde. Seine Malerei widmete er gerne der Lebenswelt der Dorfbevölkerung Ende des 19. Jahrhunderts und Anfang des 20. Jahrhunderts. Im Garten zwischen Rosen und Strandkörben lässt sich zudem das kulinarische Angebot von Grethjens Gasthof genießen, der im 19. Jahrhundert zum Hotspot für Künstler:innen und Einheimische avancierte. (www.mkdw.de)

Weiter auf der Rundföhrstraße beziehungsweise deren Radweg.

KM 21

4 Stelly's Hüüs
Nordische Gemütlichkeit

In die kreative Atmosphäre von Oldsum passt Stelly's Hüüs als Café, Teeladen & Töpferstube perfekt. Außen Backstein, innen nordische Gemütlichkeit mit hellen Möbeln und Holzwänden. In den verwinkelten Räumlichkeiten des 1837 erbauten Hauses sind überall historische Details zu entdecken. Im Sommer sitzt man auf der großzügigen Terrasse hinterm Haus. Neben der reichen Kuchen- und Tortenauswahl fehlen auch rote Grütze, Waffeln und Milchreis bei Familie König nicht. Wer gerade keine Lust auf Süßes hat, kann Sauerfleisch, Suppe oder Schmalzbrote probieren. Und so manch einer nimmt sich einen Tee als Souvenir mit, etwa das »Föhrer Sturmtief«, oder eben ein Stück Töpferware. (www.stellys-cafe.de)

Und wieder lockt die Rundföhrstraße..

Darf es etwas üppiger sein? Dann bitte warmer Apfelkuchen mit allem!

Noch mehr Meer findet sich im Museum Kunst der Westküste.

EXTRA INFOS:

Eine Nacht am Strand? Wunderbar! Auf Föhr stehen ● **Schlafstrandkörbe** in Nieblum und Utersum zur Verfügung. Schlafsäcke etc. sind selbst mitzubringen. (www.foehr.de/schlafstrandkorb)

Das Nationalgetränk der Einheimischen heißt **Manhattan**, eine Mischung aus Whisky, rotem und weißem Wermut, gekühlt und mit Cocktailkirsche versehen. Ganz Föhr mischt sich den Cocktail, der von Ausgewanderten von der Insel im 19. Jahrhundert aus New York mitgebracht wurde, nach eigenem Gusto.

KM 31 » ZIEL
Fähranleger Wyk auf Föhr

KM 29

6

Mühle, Wrixum
Upcycling eines Kulturdenkmals

Von den einst zahlreichen Windmühlen der Insel sind fünf verblieben, eine davon ist der Große Erdholländer in Wrixum von 1851. Reetgedeckt! Ein Bild von einer Mühle, das von der Gemeinde erworben und unter der Ägide eines neu gegründeten Vereins saniert werden soll. Bis 1960 war die Mühle in Betrieb, einiges ist noch im Originalzustand erhalten, etwa der alte Mahlstein. Sobald die Mühle wieder funktionstüchtig gemacht worden ist, soll nach dem Plan der Dorfbewohner:innen auch eine Erlebnisbäckerei auf dem Grundstück einziehen. (damit-sie-wieder-dreht.de)

Weiter geradeaus, zunächst auf Am Hafen, rechts den Marschweg nehmen und noch mal Am Hafen.

Das Inseldorf Wrixum gibt einer alten Mühle eine neue Perspektive.

BEI WESTWIND ENTSPANNEN

Oldsum

4 Stellys Hüüs

Klintum Toftum

Dunsum

Groß-Dunsum

Klein-Dunsum

Süderende

AUCH SÜDERENDE IST EIN PÄUSCHEN WERT

Toftumer Heide

Monklembergem

Schlafstrandkorb

Utersum

Utersum, Strand **3**

SONNENSCHUTZ IST HIER EIN MUSS

Borgsum

Hedehusum

Sylvert 11

Witsum

Goting

Goting, Kliff **2**

Naturschutzgebiet Nordfriesisches Wattenmeer

Hörnum-Wittdün

N

0   1   2 KM

AUF EINEN BLICK

>> **Start/Ziel:** Fähranleger Wyk
(Anfahrt mit dem Zug bis Dagebüll
Mole, von dort weiter mit der Fähre,
www.faehre.de)

>> **Strecke/reine Radelzeit:** 31 km,
2 Std. 30 (Rundtour)

>> **Höhenmeter:** ↗ 18 m ↘ 18 m

>> **Wegbeschaffenheit:** Asphaltierte
Radwege, Nebenstraßen, Landwirtschaftswege und kürzere Sandwege.

>> **Beste Zeit:** Ganzjährig.

>> **Mitnehmen:** Packtasche, Bade-
sachen oder Handtuch für die Füße.

Midlum

Oevenum

Museum Kunst
der Westküste **5**

Alkersum

Wrixum

6 Mühle, Wrixum

1 Johannis-Kirche, Nieblum

Nieblum

Fähranleger Wyk
START & ZIEL

Wyk auf Föhr

DEN SCHATTEN
DER BÄUME
GENIESSEN!

Dagebüll-Wyk

DIE RADELPAUSEN

>> START
Fähranleger Wittdün

KM 8,5
Café Schult, Norddorf
Everybodys Darling

②

KM 4,5
Öömrang Hüs in Nebel
Der Seefahrer lässt grüßen

①

KM 10,5
Naturschutzgebiet Amrum-Odde
Pause mit Wattblick

③

VON 5 ENDLOSEN WEITEN

Die Insel Amrum der Länge nach

Woran erkennt man die Schönheit einer Insel? Auf jeden Fall am Reichtum ihrer Natur. Der ist auf Amrum vielseitiger als bei der geringen Größe vermutet. Allein der Kniepsand hätte genügend Schönheit beschert, doch machen Watt, Wald, Dünen und die Heide das Amrumer Bild komplett.

KM 15,5
Bohlenwege Dünen
⑤ Land aus Sand

KM 13,5
Kniepsand bei Norddorf
④ Vom Kneippen und Kneifen

KM 25 » ZIEL
Fähranleger Wittdün

DER SCHÖNSTE WEG VOM HAFEN ...

... führt am Watt entlang gen Norden. Es ist die ruhige Seite der Insel, deren Schlickflächen bei Ebbe im Sonnenlicht schimmern und glitzern. Überall Bewegung auf den Wiesen, die Küken der Graugänse sind schon von beachtlicher Größe. Munter pickt man nach dem Vorbild der Eltern im Gras. Die Schreie der Austernfischer mischen sich in das Geschnatter der Gänse. Die letzten Sturmfluten haben ordentlich an der Kante genagt: Teilweise wird der Weg schmal und sandig.

Ein reetgedecktes Haus aus dem 18. Jahrhundert, gemauert aus Backstein, fällt ins Auge, wenn man eine Runde durch das hübsche Nebel dreht, am besten zu Fuß. Im **Öömrang Hüs** wird in intimer Atmosphäre ein Stück Inselgeschichte vermittelt. Als wäre man zu Besuch bei seinen nordfriesischen Großeltern.

AUF DEM WEG DURCH DIE DÜNENLANDSCHAFT VERMISCHT SICH DER DUFT DER HEIDE MIT DEM DES MEERES

Hinter Nebel weitet sich der Weg. Kleine Pferde mit langen Haaren schlafen im Stehen. Felder und Fennen erstrecken sich nun zu beiden Seiten, das Watt rückt in den Hintergrund. Gleichzeitig geht es leicht bergauf. Amrum ist bekannt für seinen ausladenden Kniepsand, der an die Insel angedockt hat und den Einwohner:innen einen wunderbar weiten Strand beschert. Doch handelt es sich um eine Geestinsel, man läuft also auf skandinavischem Geröll, das sich während der Eiszeit hierhergeschoben hat. Daher die Höhenunterschiede. Nach dieser leichten Anstrengung kommt eine Kaffeepause im Norddorfer **Café Schult** gerade recht.

Die **Odde** ruft, der nördlichste Zipfel der Insel. Bis hierher reicht die Dünenkette.

Langsam radelt man dem Wind entgegen, dem Drama der wilden Westseite. Dem Rauschen der Brandung und dem aufwirbelnden Sand. Barfuß über den Strand laufen bis zur Wasserkante. Der **Kniepsand**, die Dünen und die gute Luft sind Amrums größte Kostbarkeiten. Man könnte ewig neben den ausrollenden Wellen laufen und die gesunden Aerosole einatmen. Die aufregende Dünenlandschaft der Insel durchstreift man zu Fuß über die **Bohlenwege**. Mit etwas Glück zeigt sich ein Kaninchen.

Wenn im August die Heide blüht,
ist Amrum doppelt so schön.

Ab zur Nordspitze der Insel,
wo Dünen und Sand regieren.

Am Anleger warten die
Möwen in der Sonne.

RADELN & GENIEßEN

>> START
Fähranleger Wittdün

Links am Watt entlang über den Radweg nach Steenodde und weiter bis Nebel.

Auch die Amrumer Tracht lernt man hier kennen.

KM 4,5

1 Öömrang Hüs in Nebel
Der Seefahrer lässt grüßen

Niederländische Fliesen mit dem typischen Rosenstern-Muster verschönern die Wände im Innern des reetgedeckten alten Kapitänshauses. Ein Beilegerofen aus dem 17. Jahrhundert steht in der guten Stube, der sogenannten Dörnsk. Er ist mit dem Küchenofen verbunden, sodass die Stube von dort aus beheizt werden konnte. Die Alkovenbetten machten den Wohnraum zugleich zum Schlafzimmer. Heute kann man sich hier trauen lassen, was unter traditionsbewussten Amrumern hoch im Kurs steht. Ein Stück weiter führt die Ausstellung »Unter Sklaven und Piraten« in das Leben von Kapitän Hark Nickelsen ein. Im 18. Jahrhundert lebten die Insulaner von der Seefahrt, so auch Nickelsen, der seinerzeit zum reichsten Nordfriesen avancierte. Doch der Preis dafür war hoch. (www.oeoem rang-hues.de)

Parallel zum Watt gibt es einen Landwirtschaftsweg, der sich flüssig fährt. Über Hoofsich mitten ins Dorf hinein.

Im Öömrang Hüs empfängt einen das Amrum von einst.

Bitte absteigen! Zu Fuß geht es weiter zur Odde.

3 Naturschutzgebiet Amrum-Odde
Pause mit Wattblick

Schon der Weg zur Odde ist ein Erlebnis, egal, ob zu Fuß oder mit dem Rad. Wer ein wenig die Augen aufhält, kann neben grasenden Kühen etwa eine Gruppe von Graugänsen sichten oder ein Fasanenpaar. Roter Fingerhut ragt am Wegesrand auf, auch Waldglöckchen genannt. Dann endet der Schotterweg am Radparkplatz. Die Odde steht unter Naturschutz. Ein Vogelwart vom Verein Jordsand empfängt Interessierte regelmäßig zu Führungen in das Schutzgebiet. Man kann die Schuhe ausziehen und barfuß im Sand spazieren gehen. Ein Trupp von Schwänen zieht mit einem metallisch surrenden Geräusch durch die Luft. Eine Holzbank lädt zu einer Pause ein, Wattblick inklusive. (www.jordsand.eu)

Wieder zurück und in Norddorf auf Strunwai in Richtung Strand.

KM 8,5

2 Café Schult, Norddorf
Everybodys Darling

Die Bäckerei & Konditorei Café Schult, ein altes Amrumer Familienunternehmen, erfreut sich großer Beliebtheit, egal, ob bei Einheimischen oder Gästen. Nicht selten bildet sich morgens eine Schlange vor der Brottheke. Draußen sitzt man gemütlich unter Schatten spendenden Bäumen, im Strandkorb oder in der Sonne. Bei schlechterem Wetter natürlich auch drinnen. Legendär sind der warme Apfelstrudel mit Vanillesoße sowie die frische Friesentorte aus Blätterteig mit Pflaumenmus und Sahne. Die Auswahl an Torten ist groß, doch stehen auch herzhafte Alternativen zur Wahl. (cafe-schult.com)

Über Oodwai bis zur Odde fahren. Das Rad am Parkplatz lassen und zu Fuß weitergehen.

Ein kulinarisches Päuschen, etwa mit warmem Apfelstrudel, das geht im Café Schult.

Bunt gestreifte Strandkörbe – das A und O auf Amrums weitem Kniepsand.

Gestrandet. Ein Piratenboot auf Amrum?

KM 13,5

4 Kniepsand bei Norddorf
Vom Kneippen und Kneifen

Ein Wunderding ist der Kniepsand, jene über zehn Quadratkilometer große, langsam wandernde Sandbank. Manchmal fegt kräftiger Wind Schlieren über den Boden, der Sand kriecht in alle Ritzen und kneift. Daher auch der Name Kniepsand: Auf Amrumer Friesisch heißt »kniap« einfach kneifen. Am Norddorfer Strandabschnitt geht man zunächst über einen Bohlenweg Richtung Meer. Am Ende heißt es: von nun an barfuß. Je näher man der Wasserkante kommt, desto höher die Konzentration des maritimen Aerosols in der Luft. Dafür ist Amrum bekannt. Natürlich steht es jedem frei, am Meeressaum barfuß zu tanzen oder einfach zu kneippen. Im Winter entfaltet sich die Wirkung der Aerosole wegen des stärkeren Winds noch mehr.

Zurück ins Dorf und rechts auf Lunstruat bis zum Schild zur Siatler-Düne. Das Rad abstellen.

EXTRA INFOS:

Wer auf Amrum das Stehpaddeln aus-
testen möchte, sucht sich einen ruhigen
Tag an der Wattseite der Insel aus. ● **SUP
Amrum** ist in der Nähe des Anlegers zu
finden. (sup-amrum.com)

Der Amrumer ● **Leuchtturm** ist der
höchste begehbare der Nordseeküste.
Sportliche 297 Stufen führen zum Balkon,
etwas weniger als die Hälfte sind bereits
beim Anstieg auf die Düne zu bewältigen.
Allerdings kann er nur in den Sommer-
monaten vormittags bestiegen werden.

Die Führung mit dem ● **Vogelwart** durch
das Schutzgebiet ist behutsam, es geht zu
einer Aussichtsplattform auf einem Dünen-
kamm. Neben Zwergseeschwalben, Eider-
enten und Brandgänsen sind vor allem
Silber- und Heringsmöwen zu sehen.

KM 15,5

⑤ Bohlenwege Dünen
Land aus Sand

Wer über die Holzbohlenwege durch das Naturschutzgebiet der Amrumer Dünen spaziert,
nimmt jenes typische Amrumer Parfüm wahr:
eine Mischung aus Meer, Dünenrosen, Heide
und Wald. Morgens scheint es besonders intensiv zu duften. Auf acht Kilometern Länge und einem Kilometer Breite erhebt sich von Wittdün
bis Norddorf eine Landschaft aus Sandhügeln.
Der Amrumer Dünengürtel trennt den Knies-
sand von Wald und Wiesen. Büschel aus Strandhafer wiegen sich im Wind. Südlich von Norddorf
erhebt sich die Aussichtsdüne A Siatler mit
32 Metern. Hin und wieder zeigt sich eines der
Wildkaninchen, deren Vorfahren um 1230 vom
dänischen König zu Jagdzwecken auf Amrum
eingebürgert wurden. Und von Weitem weht
das Rauschen der Brandung herüber.

*Von Lunstruat auf Tanenwai weiterradeln. Der Waldweg
führt relativ windgeschützt bis Wittdün.*

KM 25 » ZIEL
Fähranleger Wittdün

*Nur über Bohlenwege geht es durch
die empfindsamen Dünen.*

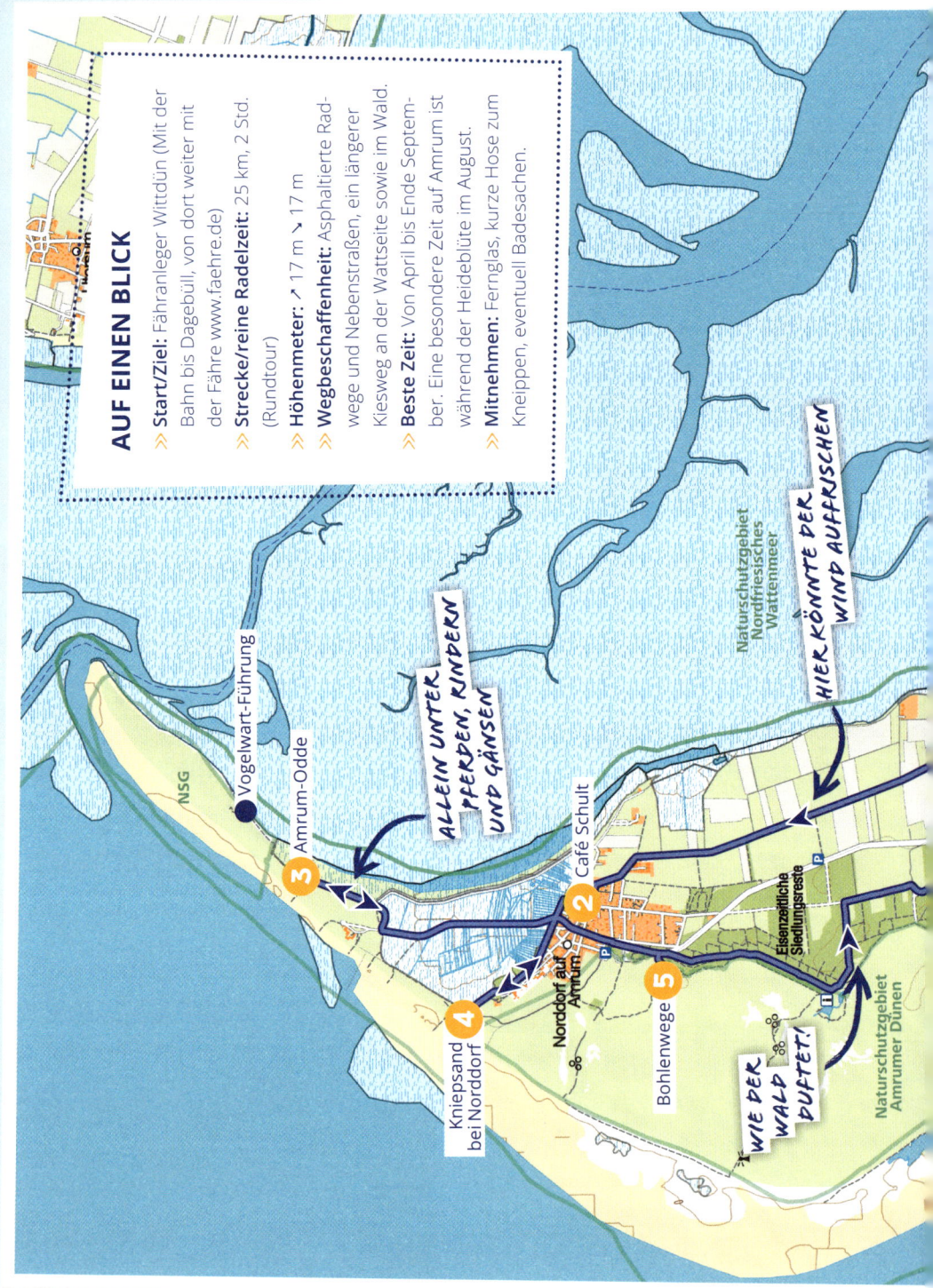

AUF EINEN BLICK

» **Start/Ziel:** Fähranleger Wittdün (Mit der Bahn bis Dagebüll, von dort weiter mit der Fähre www.faehre.de)

» **Strecke/reine Radelzeit:** 25 km, 2 Std. (Rundtour)

» **Höhenmeter:** ↗ 17 m ↘ 17 m

» **Wegbeschaffenheit:** Asphaltierte Radwege und Nebenstraßen, ein längerer Kiesweg an der Wattseite sowie im Wald.

» **Beste Zeit:** Von April bis Ende September. Eine besondere Zeit auf Amrum ist während der Heideblüte im August.

» **Mitnehmen:** Fernglas, kurze Hose zum Kneippen, eventuell Badesachen.

NSG

Vogelwart-Führung

● Amrum-Odde

3

ALLEIN UNTER PFERDEN, KINDERN UND GÄNSEN

Kniepsand bei Norddorf

4

Naturschutzgebiet Nordfriesisches Wattenmeer

HIER KÖNNTE DER WIND AUFFRISCHEN

Café Schult

Norddorf auf Amrum

2

P

P

Eisenzeitliche Siedlungsreste

5

Bohlenwege

WIE DER WALD DUFTET!

Naturschutzgebiet Amrumer Dünen

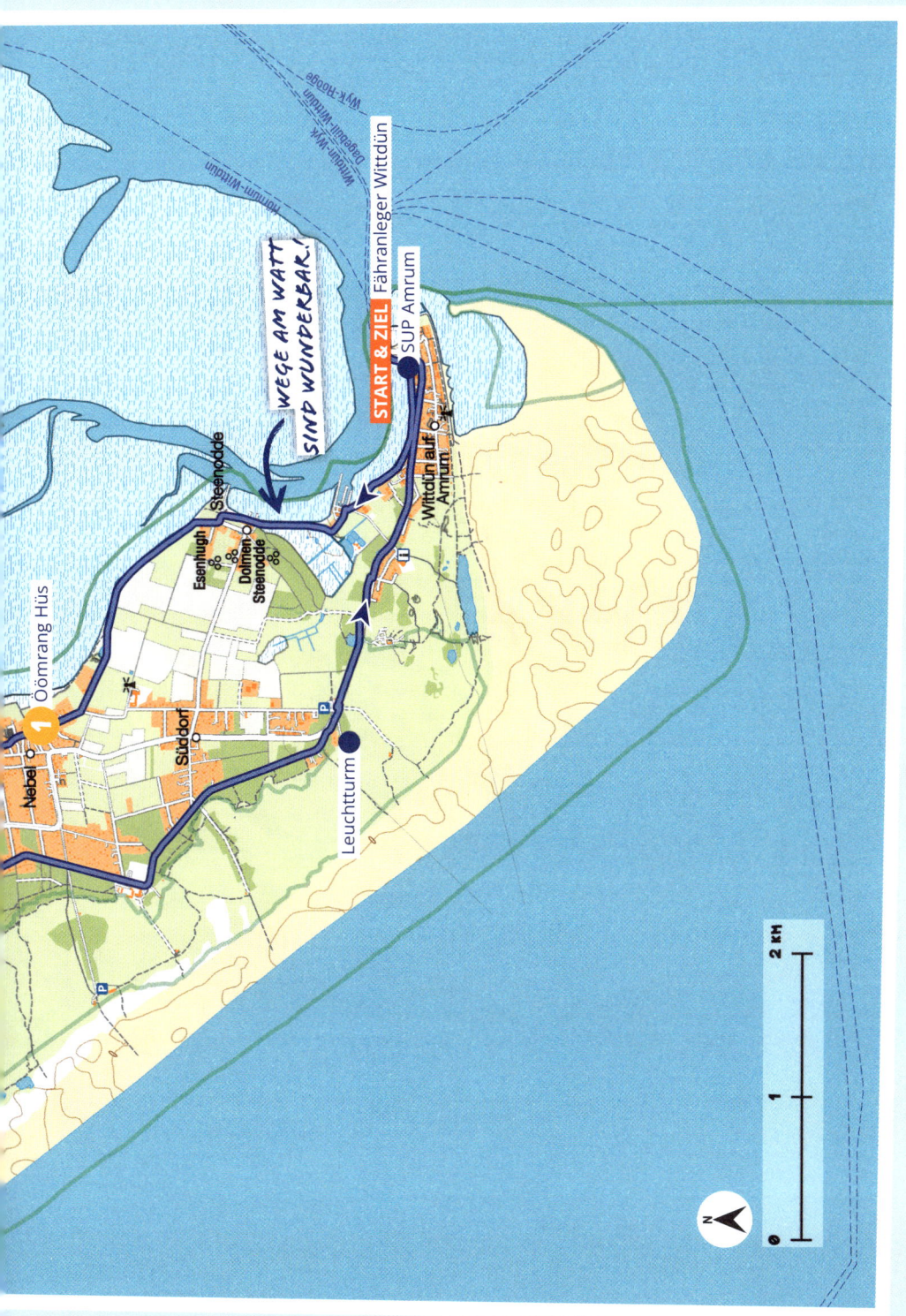

WEGE AM WATT SIND WUNDERBAR!

START & ZIEL Fähranleger Wittdün

SUP Amrum

Wittdün auf Amrum

Fähranleger Wittdün

Wyk-Rodge

Wittdün-Wyk

Dagebüll-Wittdün

Hörnum-Wittdün

Wittdün

Nebel

Oömrang Hüs

Steenodde

Esenhugh

Dolmen Steenodde

Süddorf

Leuchtturm

2 KM

1

0

N

DIE RADELPAUSEN

>>START
Bahnhof Niebüll

KM 1
Pack & Schnack
① Erst mal frühstücken

KM 2
Niebüller Wehlen
② Baden oder nicht baden?

KM 10,5
Gotteskoogsee
③ Durchatmen und meditieren

ABSEITS AUSGE- 6 TRETENER PFADE

Niebüll und die Geheimnisse der Wiedingharde

Wer sich einmal von der Wasserkante trennt, entdeckt mitten im Grünen zwischen Niebüll und Klanxbüll eine Welt voller Geschichten. Und erfährt so einiges über die Entstehung der Kulturlandschaft an der Küste. Manchmal gab es Halligen, wo heute Festland ist. Und nur ein Name weist darauf hin.

KM 20,5
4 Sankt Johannes, Neukirchen
Verborgene Schätze entdecken

KM 27
6 Infozentrum, Klanxbüll
Alles über die Wiedingharde

KM 22
5 Deich- und Sielmuseum, Neukirchen
Im Grünen studieren

KM 27,5 » ZIEL
Bahnhof Klanxbüll

GLEICH BEI DER ANKUNFT FÄLLT DER BLICK ...

 ... auf ein schlankes, hoch aufgeschossenes Backsteingebäude und bleibt am breiteren Kopf aus Fachwerk hängen. Ein mit Liebe und viel Aufwand sanierter Vorratsbehälter. Der Wasserturm wurde nach dem Niebüller Bahnhof erbaut und sollte zum Nachfüllen der Dampflokomotiven dienen. Überhaupt ist Niebüll, abseits der Routen gelegen, eine Entdeckung.

Folge dem Duft des Kaffees: In der teils verkehrsberuhigten Hauptstraße kann man den Tag mit einem Frühstück bei **Pack & Schnack** beginnen lassen. Draußen oder drinnen. Vielleicht eine Kleinigkeit einkaufen, als Souvenir oder für die Tour.

EIN ORT WIE EINE MEDITATION. WER DER STILLE LAUSCHT, VERNIMMT DAS RASCHELN IM REET

Im Wehlenpark am Ortsrand von Niebüll spiegeln die glatten Wasseroberflächen den Himmel und die Wolken wider. Nur wenige baden an jenem Morgen. Und man muss wissen, **Wehlen** sind keine handelsüblichen Teiche. Jede von ihnen hat eine Sturmflut auf dem Buckel. Wasserkraft, die Löcher in den Boden riss. Ebenfalls von der wechselvollen Geschichte der Gegend erzählt der **Gotteskoogsee**, der zu Fuß erobert werden will. Über verschlungene Pfade und Brücken, vorbei an Dickicht, Brombeersträuchern und ausladenden Schilfflächen.

Alte Gemäuer erzählen von anderen Zeiten, so auch die **Johannes-Kirche** in Neukirchen. Meist sind sie leer, und man kann ihre Architektur und Kunstwerke in aller Stille genießen. Die Frömmigkeit einatmen wie Weihrauchduft. Noch mehr Geschichten und Formen, wenn auch eher alltäglicher Art, finden sich draußen vor Neukirchen im **Deich- und Sielmuseum**. Formen, die Leben retteten. Leider nicht immer.

Irgendwo schreit ein Hahn. Mannshoch gewachsener Mais neben mobilen Hühnern, die zwischen Neukirchen und Hesbüll im Gras picken. Der Weißdorn am Wegesrand in **Klanxbüll** hängt prallvoll mit roten Beeren. Es ist das Geräusch des Windes, das die Region prägt. Wind, der durch Bäume, Hecken und das Schilf am Graben fährt. Wind, der die Rotorblätter der Anlagen zum Drehen bringt. Wind, der Haar und Haut streichelt, doch eher sanft.

Im Norden Nordfrieslands breitet sich Südtondern aus.

KREIS SÜDTONDERN

Der Wasserturm am Bahnhof von Niebüll versorgte einst die Dampflokomotiven.

Ein Hauch von Strand: Chillen an den Niebüller Wehlen.

RADELN & GENIEßEN

>> START
Bahnhof Niebüll

Über Rathausstraße und Brandkuhle kommt man zur Hauptstraße.

KM 1

1

Pack & Schnack
Erst mal frühstücken

Seit ein paar Jahren ist die Stadt um ein Café plus Unverpacktladen reicher. Die Inhaberinnen Pia und Cindy mögen regionale Produkte. So gibt es die handgemachten Köstlichkeiten aus der Eiscremerei im nahen Stedesand im Originalbecher. Wem um 9 Uhr morgens noch nicht nach shoppen ist, der lässt sich links vom Eingang nieder. Vintage-Möbel schaffen eine Atmosphäre wie in Omas Wohnzimmer, das Frühstück kommt passend dazu auf geblümtem Geschirr mit Goldrand. Am Nebentisch essen sie schon Kuchen, doch auch ein warmes Panino, vegan, vegetarisch oder flexibel, mundet zum Cappuccino mit (Hafer-)Milch. Sonntags leider geschlossen! (packundschnack.de)

Weiter die Hauptstraße entlang und über Mühlenstraße und Theodor-Storm-Straße weiter.

Gemütlich wie bei Omi zu Hause ist es im Pack & Schnack.

Von der Beobachtungshütte auf dem Richie- Hügel hat man den besten Ausblick.

KM 2

2 Niebüller Wehlen
Baden oder nicht baden?

Wenn bei einer schweren Sturmflut ein Deich brach, rissen die mit Druck eindringenden Wassermassen bisweilen tiefe Löcher in den Boden. So entstanden die Niebüller Wehlen im Jahr 1593. Heute wirken sie wie kleine Seen, die ihre Umgebung spiegeln. Eine von ihnen hat einen Durchmesser von etwa 80 Metern und wird als Badewehle genutzt. Was man nicht sieht, wenn man an einem windstillen Tag in jenes Auge der Erde schaut: Bis zu acht Meter tief ist die Naturbadestelle. Gelbe Seerosen poppen auf, kleine Fische schwimmen im klaren Wasser am Wehlenrand. Wer langsamen Schrittes hineingeht, spürt weichen bis sandigen Untergrund. Eine Runde drehen und aus der Rückenlage in den Himmel schauen.

Zurück nimmt man wieder Markt- und Hauptstraße, um schließlich links auf die Klanxbüller Straße abzubiegen. Bei Langstoft rechts auf die Aventofter Straße. Geradeaus bis zum Broder-Paysens-Weg.

KM 10,5

3 Gotteskoogsee
Durchatmen und meditieren

Erst mal das Rad abstellen und dann rauf auf den Richiehügel. Hinter der Infohütte schweift der Blick über das Land, das einst ein Sumpfgebiet war. Heute mutet es auf den ersten Blick steppenartig an, doch verengt sich der Pfad zwischen Unterholz und Röhricht. Auf der Plattform vor dem See öffnet sich das Land wie ein gut gehütetes Geheimnis. Der See tiefblau, ringsherum ein Meer aus Halmen, die sich im Wind wiegen. Der Gotteskoogsee liegt größtenteils unter dem Meeresspiegel, es ist der tiefste Punkt der ganzen Gegend. Einst war das Land von Meeresflüssen durchzogen, den Prielen.

Zurück auf die Aventofter Straße bis Hatterbüllshallig. Links auf die Krakebüllerstraße und weiter über Otzhusumweg und Kirchenweg.

Schön wie ein Spiegel, die Niebüller Badewehle.

KM 20,5

Sankt Johannes, Neukirchen
Verborgene Schätze entdecken

Fast unmerklich geht es über einen alten Stockenstieg aus Backsteinen ein Stück hinauf. Sankt Johannes wurde im 13. Jahrhundert auf einer alten Warft errichtet. Später kam ein barockes Vorhaus hinzu. Schlichtheit dominiert im Innern, und doch nimmt einen der Charme des Gebäudes gefangen. Alle Aufmerksamkeit richtet sich zunächst auf den spätgotischen Altaraufsatz, der lebhaft aus der Mitte strahlt. Aber die holzgeschnitzte Apostelreihe mit Christus in der Mitte zieht die Blicke ebenfalls auf sich, sie stammt aus dem 14. Jahrhundert. Noch älter ist der Taufstein aus Granit. Reste von Wandmalereien geben einen Eindruck davon, wie lebhaft und bunt Sankt Johannes einst gewesen sein muss.

Rechts auf Osterdeich bis zum Ortsende, weiter auf Nordosterdeich.

Mit solchen Booten bewegten sich die Leute einst im Winter übers Marschland.

KM 22

Deich- und Sielmuseum, Neukirchen
Im Grünen studieren

Wie ein Museum wirkt die Stelle nicht. Am Ortsausgang von Neukirchen geht es über einen sandigen Weg zu begrünten Deichprofilen. Hummeln wippen auf Blümchen, drei Schafe haben sich ein Eckchen zur Siesta ausgesucht. Die Vögel zwitschern, alles wie im richtigen nordfriesischen Leben also. Nur, dass man beim Deich- und Sielmuseum etwas über den einstigen Deichbau erfahren kann. So sollte beispielsweise ein Stackdeich mit Brettern statt einer ansteigenden Fläche im 15. und 16. Jahrhundert den Deichfuß an kritischen Stellen stabilisieren. Das verwitterte Holz eines alten Sieltores erzählt von einer Sturmflut im 16. Jahrhundert, der es zum Opfer fiel.

Zurück über Osterdeich durch Neukirchen, dann rechts auf die Hesbüller Straße bis zum Ende und rechts auf den Spangweg.

Schatz am Wegesrand: Sankt Johannes in Neukirchen.

KM 27

6 Infozentrum, Klanxbüll
Alles über die Wiedingharde

Den optimalen Ausklang der Tour findet man innerhalb der vier Wände der Jugendstilvilla von 1910 an der Adresse Toft 1. Besucher:innen werden ausgesprochen freundlich empfangen und gerne über die Besonderheiten der Wiedingharde informiert. Über das Kommen und Gehen des Meeres, über die Zeiten, als die Wiedingharde noch eine von Prielen zerpflückte Marschlandschaft war und nach der zweiten Großen Mandränke, der verheerenden Sturmflut 1634, gar zur Hallig mutierte, da vom Festland abgetrennt. Auf der Entdeckungstour durch das Erdgeschoss erfährt man auch mehr über die Lebensbedingungen noch zu Anfang des letzten Jahrhunderts, als jeder Hof zwei bis drei Boote besaß, um sich winters durch die überschwemmte Landschaft zu bewegen. (www.wiedingharder-infozentrum.de)

Einmal ums Eck von Toft über Am Bahnhof zur Bahnhofstraße.

EXTRA INFOS:

Niebüll verfügt zu alldem über eines der schönsten Kinos Nordfrieslands, das ● **Eck's**. Ins sogenannte Verzehrkino (Tische mit Lämpchen und Klingel!) lädt das hübsche nostalgische Ambiente ebenso ein wie ein bunter Programmmix. (www.filmtheater-niebuell.de)

In dem ehemaligen ● **Wasserturm** am Bahnhof kann man sich einmieten, nachts noch den Blick über die Lichter der Stadt schweifen lassen. Den Zügen nach Dänemark hinterherschauen. Sich vorstellen, wie der Turm einst die Dampflokomotiven mit Wasser versorgte. (wasserturm-niebuell.de)

KM 27,5 » ZIEL
Bahnhof Klanxbüll

Ein bisschen Deich- und Sielkunde in Neukirchen.

Rickelsbüller Koog

Südfrersbüll

Hörn

5 Deichmuseum

Rinkeshörn

Neukirchen

6 Infozentrum Wiedingharde

Bahnhof Klanxbüll **ZIEL**

Hesbüll

4 Sankt Johannes

Bombüll

Südhesbüll

Hornburg

Bever

Süderdeich

Diedersbüll

Althorsbüll

Rotzbüll

Hoddebülldeich

Emmelsbüll-Horsbüll

Alte Sielzug

Naturschutzgebiet Nordfriesisches Wattenmeer

N

0   1   2 KM

Neugalmsbüll

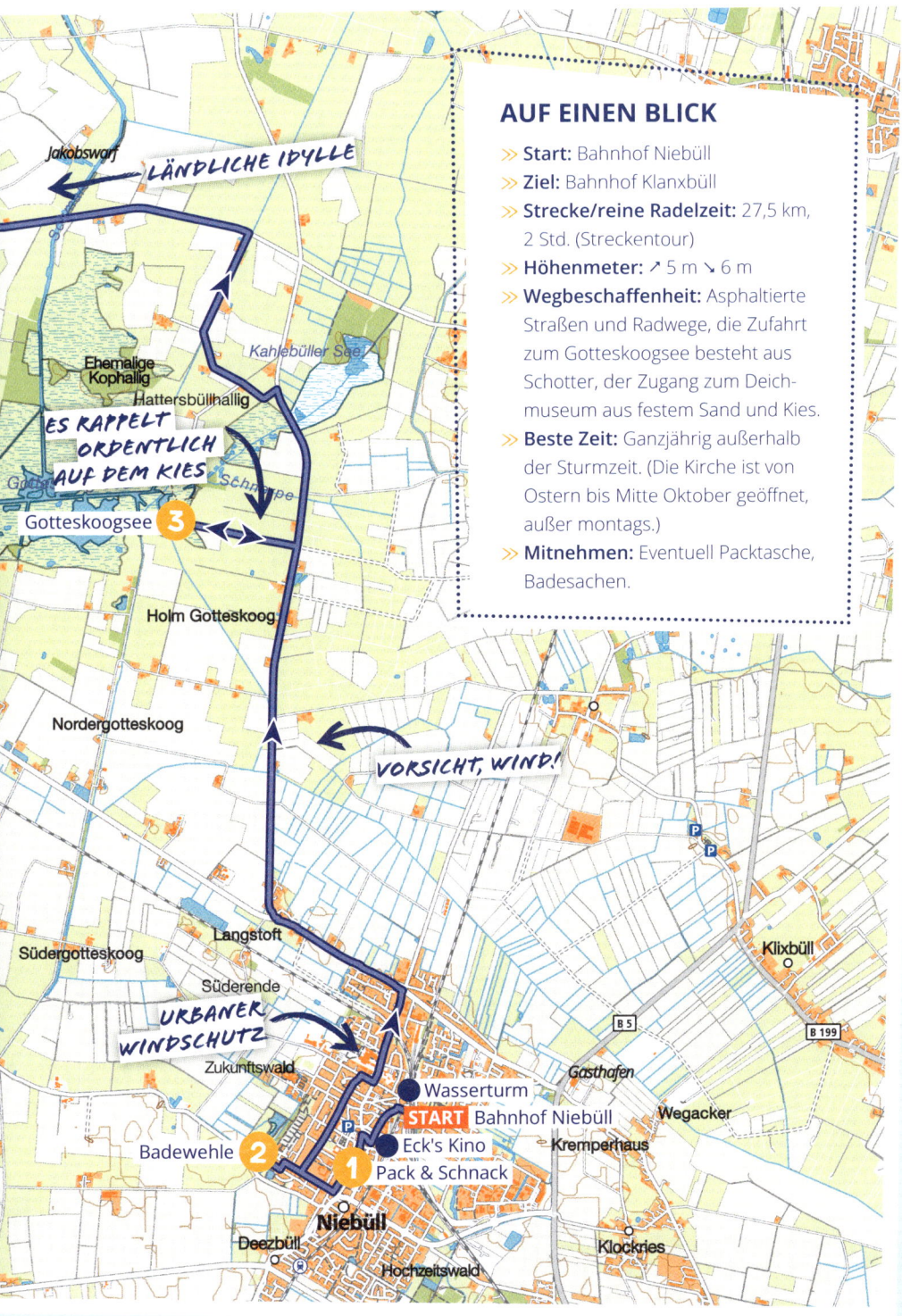

Jakobswarf

LÄNDLICHE IDYLLE

AUF EINEN BLICK

» **Start:** Bahnhof Niebüll
» **Ziel:** Bahnhof Klanxbüll
» **Strecke/reine Radelzeit:** 27,5 km, 2 Std. (Streckentour)
» **Höhenmeter:** ↗ 5 m ↘ 6 m
» **Wegbeschaffenheit:** Asphaltierte Straßen und Radwege, die Zufahrt zum Gotteskoogsee besteht aus Schotter, der Zugang zum Deichmuseum aus festem Sand und Kies.
» **Beste Zeit:** Ganzjährig außerhalb der Sturmzeit. (Die Kirche ist von Ostern bis Mitte Oktober geöffnet, außer montags.)
» **Mitnehmen:** Eventuell Packtasche, Badesachen.

Ehemalige Kophallig

Kahlebüller See

Hattersbüllhallig

ES RAPPELT ORDENTLICH AUF DEM KIES

Gotteskoogsee ③

Schnape

Holm Gotteskoog

Nordergotteskoog

VORSICHT, WIND!

Langstoft

Süderende

Klixbüll

Südergotteskoog

URBANER WINDSCHUTZ

Zukunftswald

B 5

B 199

Gasthafen

Wegacker

Wasserturm

START Bahnhof Niebüll

Eck's Kino

Badewehle ②

Kremperhaus

① Pack & Schnack

Niebüll

Deezbüll

Klockries

Hochzeitswald

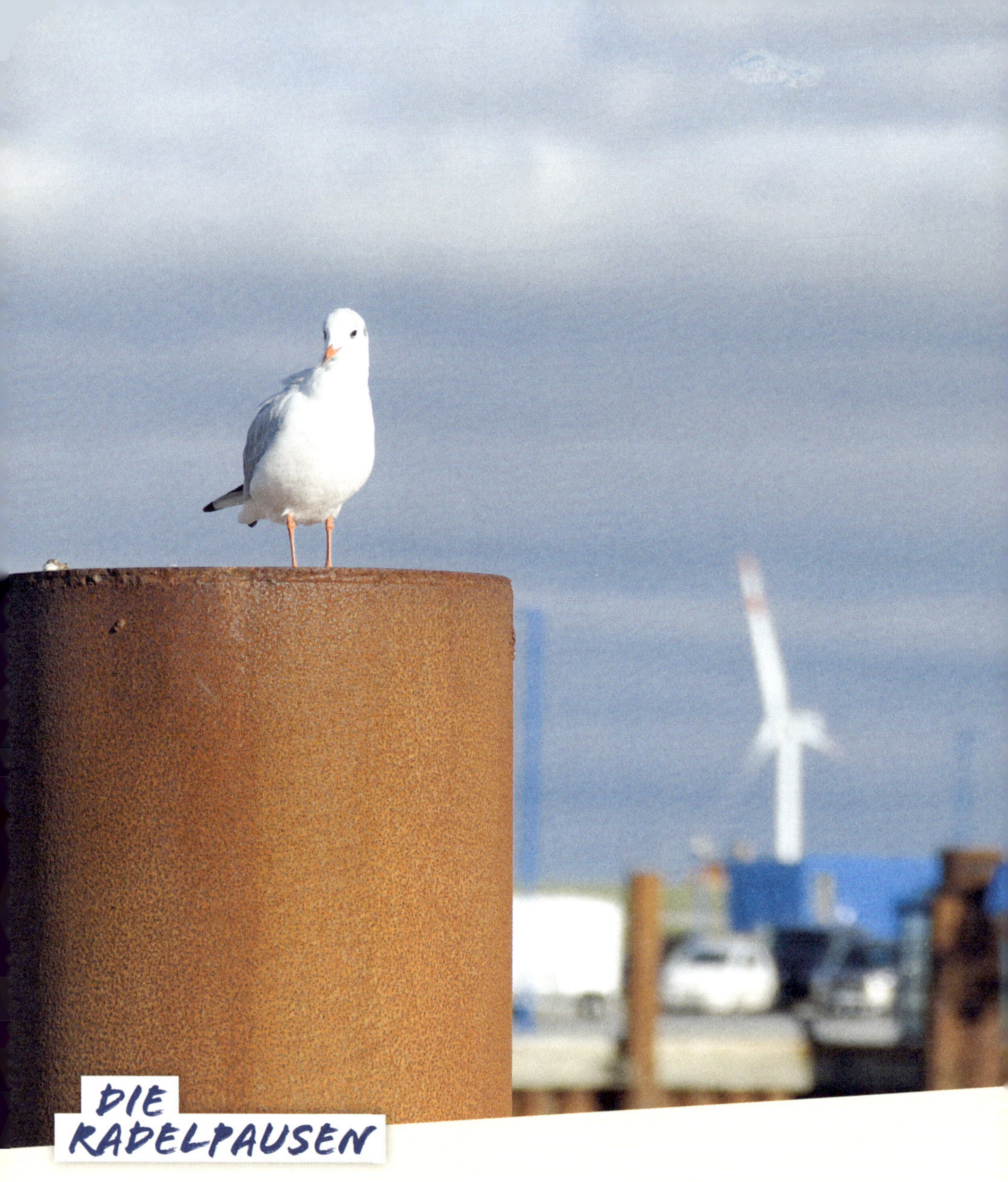

DIE RADELPAUSEN

» START
Bahnhof Dagebüll Mole

KM 0
1 Aussichtsplattform Dagebüll
Fernweh in luftiger Höhe

KM 10
2 Hans-Momsen-Haus, Fahretoft
Die Warft des berühmtesten Sohns

KM 12,5
3 Bottschlotter See
Eintauchen in Grün und Blau

VON HALLIGEN 7 UND WARFTEN

Dagebüll und der Hauke-Haien-Koog

Immer geht es um das Wasser. Das Kommen und Gehen des Meeres, Schutz vor Sturmfluten, das Miteinander von Seen und Flüssen, Schutz vor Überflutungen. Es geht um eine jahrhundertealte Kulturlandschaft, die Abhängigkeit des Menschen von der Natur und seinen Erfindungsreichtum.

KM 20

4 Hauke-Haien-Koog
Multikulturelle Wohngemeinschaft

KM 24

5 Hafen Schlüttsiel
Beste Aussichten

KM 32

6 Badestrand Dagebüll
Die Straße ins Nirgendwo

KM 33 >> ZIEL
Bahnhof Dagebüll Mole

IM HAFEN VON DAGEBÜLL ...

 ... legen zwei Fähren kurz nacheinander ab. Da steht man auf dem **Aussichtsturm**, der Wind pustet um die Ohren, und das Fern- oder Inselweh packt zu. Von oben betrachtet wirkt schon das Halbrund des Dagebüller Strands wie eine Insel. Kein Wunder, war Dagebüll doch einmal eine Hallig, bevor sich die Küstenlinie durch den Deichbau neu formte.

Um die alten Zeiten wieder aufleben zu lassen, braucht man ein waches Auge, etwas Fantasie und ein Rad. Wer unterwegs stehen bleibt, erregt nicht selten die Aufmerksamkeit neugieriger Kühe, die am Wegesrand grasen und sich über ein bisschen Abwechslung zu freuen scheinen. Über Schleichwege, auf denen man sich die meiste Zeit wie der einzige Mensch auf der Welt fühlt, gelangt man zur Kirche, die sich unweit des alten Deichs in die Höhe reckt.

DAZWISCHEN EINE BIENENWIESE, ES SUMMT UND BRUMMT. VERSINKEN IN EINER BUNTEN WELT

Auch Fahretoft war einmal eine Hallig, genauer gesagt wurde das Kirchspiel nach der ersten Großen Mandränke 1362 dazu. Einzig die Warften in dem heutigen Gemeindeteil von Dagebüll erinnern noch daran, denn hier siedelten die Menschen schon vor der Eindeichung. Heute zieht man unbeschwert seine Kreise um die künstlichen Hügel mit ihren oft reetgedeckten Häusern – und kann so das **Hans-Momsen-Haus** besuchen.

Nichts los an dem Platz zwischen Fahretoft und Waygaard, wo sich Südtonderns Windsurfer gerne treffen. Der **Bottschlotter See** zeigt ein glattes Gesicht, nur ein einzelner Angler hat die Leine ausgeworfen. Hier wird der Wasseraustausch mit dem Bongsieler Kanal geregelt. Kühe grasen links von der Brücke, rechts ein Schwimmer, ganz für sich.

Im **Hauke-Haien-Koog** fegt der Wind etwas stärker, und doch ist das Geschnatter der Gänse, sind die Rufe der Möwen stets präsent. Hier geht es lebhaft und bunt zu. Im **Hafen von Schlüttsiel** legt gerade die Fähre nach Langeneß ab. Es ist Zeit für eine Pause, für den Blick aufs Wasser, für einen Moment der Ruhe und Entspannung, vielleicht sogar ein Picknick. Bester Abschluss nach den restlichen Kilometern: noch mal kurz ins Wasser hüpfen am **Dagebüller Strand**.

Radelnder, kommst du
nach Dagebüll, verpasse
das Eis nicht!

Dagebüller
Eismanufaktur

Im Hafen von Schlüttsiel
geht es gemächlich zu.

Das freut Hummeln und Bienen:
Blühwiese in Dagebüll-Kirche.

RADELN & GENIEßEN

>> **START**
Bahnhof Dagebüll Mole

Der Eingang des uthlandfriesischen Hauses von Hans Momsen.

In 15 Metern Höhe reicht der Blick bis zu den Inseln und Halligen.

KM 0

1 Aussichtsplattform Dagebüll
Fernweh in luftiger Höhe

Raus aus dem Zug, sich den Wind um die Nase wehen lassen und einen Überblick gewinnen, das geht nur wenige Meter von der Bahnhalte-stelle Dagebülls entfernt. Gleich beim Seitenein-stieg am Terminal der Südmole kann man näm-lich eine Aussichtsplattform in 15 Metern Höhe erklimmen. Eine Wendeltreppe führt nach oben, nach allen Seiten offen, sodass es je nach Wet-terlage auch kräftig ziehen kann, je höher man kommt. Am meisten Spaß macht es, den Fähren beim Ablegen zuzuschauen und so etwas wie die Sehnsucht der Seeleute zu spüren, die es immer wieder hinauszieht aufs Meer.

Aus Dagebüll über die Dorfstraße nach Dagebüll Kirche und über Osterdeich bis zum Kreuzweg fahren. Am Ende links in den Westerschinkeldeich abbiegen und rechts auf Jannenswarft bis Strich weiterradeln. In Fahretoft liegt die Gabrielswarft auf der linken Seite.

Hier lebte einst der berühmteste Sohn von Fahretoft.

KM 12,5

③ Bottschlotter See
Eintauchen in Grün und Blau

Durch eine breite Gasse aus Schilf wandelt man zum See, zur Rechten ragt ein Auslassbauwerk in die Höhe. Es ist ein Teil der Physiognomie der Marschwiesen, jene spröde Komposition von Deichen, Sielen, Groden, Kanälen, Gräben, Speicherbecken. Man merkt es heute nicht mehr, doch der Bottschlotter See ist kein gewöhnlicher. Einst führte er die Wasser eines Priels, eines Meeresarms, durch das Land, bevor der im 17. Jahrhundert eingedeicht wurde. Heute ist er maximal 1,60 Meter tief, meist kann man gut darin stehen, beispielsweise um in Wathosen zu angeln. Das ist neben dem Windsurfen oder dem Befahren mit motorlosen Booten möglich. Der nördliche Teil des Sees bleibt von menschlichen Aktivitäten unberührt.

Weiter auf Hauke-Haien-Koog. Hinter Tudenswarft links einbiegen, den Bongsieler Kanal queren und schließlich parallel zum nördlichen Kanal fahren. Ab Bongsiel einen kleinen Schlenker über Ockholm machen, immer die Dorfstraße entlang, dann links auf die Bäderstraße bis zur Beobachtungshütte.

KM 10

② Hans-Momsen-Haus, Fahretoft
Die Warft des berühmtesten Sohns

Vor einigen Jahrhunderten besaß das hübsche, kleine Fahretoft sogar einen Hafen. Wo einst ein Arm der Nordsee zur Hallig führte, fährt man heute über eine Straße. Kurz vor der entscheidenden Eindeichung im 17. Jahrhundert erbaute der Urgroßvater von Hans Momsen ein uthlandfriesisches Haus auf der Gabrielswarft. Das spätere Wohnhaus des Mathematikgenies, Deichrichters, Astronomen und Landvermessers wurde vom Verein Hans-Momsen-Gesellschaft aufwendig saniert. Es ist zugleich Museum und Café. Wer sonntagnachmittags hier unterwegs ist, kann gemütlich inmitten blau gefliester Wände oder auf der Warftterrasse bei Kaffee oder Tee ein Stück frisch gebackenen Kuchen genießen. (www.hansmomsen.de)

Über die Hans-Momsen-Straße aus Fahretoft rausfahren, rechts weiter auf den Holländerdeich.

Am Bottschlotter See ist die Ruhe zu Hause.

Schwäne, Wildgänse und viele Küstenvögel lieben den Hauke-Haien-Koog.

KM 24

5 Hafen Schlüttsiel
Beste Aussichten

Vom Hafen in Schlüttsiel kann man die Halligen per Schiff entdecken. Krabbenkutter liegen vertäut, ein paar Boote schaukeln im Wasser. Wer noch keinen Kuchen gegessen hat, kann samstags und sonntags ab 12 Uhr im Siel59 einkehren und den Ausblick auf Inselwelt und Meer genießen. Herzhafte Speisen stehen ebenfalls zur Auswahl. Ansonsten wäre es die beste Gelegenheit für ein Picknick mit Aussicht – entweder auf dem neuen Klimadeich, der dem steigenden Meeresspiegel und damit höheren Sturmfluten angepasst wurde, oder am Hafen. (www.siel59.de)

Über den Radweg vorm Deich zurück bis Dagebüll.

KM 20

4 Hauke-Haien-Koog
Multikulturelle Wohngemeinschaft

Der Hauke-Haien-Koog entstand durch Eindeichung in den 1950er-Jahren und wurde nach der Figur des Deichgrafen aus »Der Schimmelreiter« von Theodor Storm benannt. Die Eindeichung diente nicht nur der Landgewinnung, sondern fungiert auch als Speicherbecken für das Binnenland und als Schutzgebiet. Vor allem ist der Koog also als Raststätte und Brutplatz für Küstenvögel bekannt. Die ewigen Graugänse ziehen im Hauke-Haien-Koog ihre Jungen auf. Gemeinsam mit Zug- sowie Brutvogelarten teilen sie sich den Platz am Speicherbecken mit Schafen. Das multikulturelle Miteinander ist von der Beobachtungshütte beim Speicherbecken Süd mitzuerleben. So sind zum Beispiel Seeschwalben und Säbelschnäbler während der Brutzeit zu entdecken. Ein Fernglas oder gutes Objektiv lohnt sich hier!

Ein Stückchen zurückradeln, den Deich queren und auf dem Radweg mit Meerblick weiterdüsen.

Wo die Straße im Wasser verschwindet, findet sich Dagebülls neue Baderampe.

Am Hafen von Schlüttsiel kann man bei einem Stück Kuchen aufs Halligmeer schauen.

EXTRA INFOS:

Ab Dagebüll werden ● **Wattwanderungen** zur Hallig Oland angeboten. Ein grandioses Erlebnis – barfuß oder in Gummistiefeln. Nach drei Stunden Aufenthalt auf der Hallig geht es je nach Termin entweder zu Fuß oder mit dem Schiff zurück. (www.wattwanderung.eu)

Die Perspektive ändern: Bei Waygaard kann man sich ein ● **Kanu** ausleihen und über die Soholmer und Lecker Au paddeln, Schafe grüßen und dem Klatschen der Paddel im Wasser zuhören. (www.kanu-service.de)

KM 33 » ZIEL
Bahnhof Dagebüll Mole

KM 32

6 Badestrand Dagebüll
Die Straße ins Nirgendwo

Seit dem Bau des Klimadeichs und der damit einhergehenden Sanierung rund um den Strand geht es zu Flutzeiten nicht mehr nur per Treppe ins Wasser. Eine breite Straße scheint sich im Meer zu verlieren, so sieht ein barrierefreier Beach aus. Der Grünstrand hat durch den Klimadeich ein flacheres Profil. Auch die Deichkrone ist breiter, sodass irgendwann nachgerüstet werden kann. Für mehr Badekomfort stehen neben Duschen auch Umkleidehütten zur Verfügung. Also nichts wie hinein in den Badedress und die Fluten, egal, ob über die neue Baderampe oder eine der Treppen.

In nördlicher Richtung geht's am Wasser entlang weiter.

Unter den Badehütten von Dagebüll gibt es nun auch Umkleiden.

TEILWEISE GEHT ES NUR ZU FUSS WEITER

Aussichtsplattform **1**

Bahnhof Dagebüll **START & ZIEL**

Badestrand Dagebüll

Wattwanderung Oland **6**

Blocksberg

DAGEBÜLL-KIRCHE

Dagebüll

Juliane-Marien-Koog

Broderswarft

WUNDERBAR EINSAME STRECKE

Naturschutzgebiet Nordfriesisches Wattenmeer

IMMER AM MEER ENTLANG

Lütt Jenswarft

Speicherbecken Nord

Schlüttsiel

Hafen Schlüttsiel **5**

Olandwarft

Dagebüll-Wyk Dagebüll-Watttaxi

Schlüttsiel - Oland

Schlüttsieler Schleuse

N

0   1   2 KM

AUF EINEN BLICK

» **Start/Ziel:** Bahnhof Dagebüll Mole
» **Strecke/reine Radelzeit:** 33 km, 2 Std. 30 (Rundtour)
» **Höhenmeter:** ↗ 10 m ↘ 10 m
» **Wegbeschaffenheit:** Straßen, Nebenstraßen und Radwege.
» **Beste Zeit:** April bis Oktober.
» **Mitnehmen:** Eventuell Picknicksachen, Fernglas, Badesachen.

Kanuverleih Waygaard

Norder-Waygaard

Soholmer-Au-Kanal

Fahretoft

Voltswarft

Bahnenswarft

Bottschlotter See

2 Hans-Momsen-Haus

3 Bottschlotter See

Waygaard-Deich

Süder-Waygaard

Soholmer Au

Efkebüll

Richardswarft

Tudenswarft

Munksbrück

Diedrichswarft

Bollhaus

Hauke-Haien-Koog

Norddeich

Amtmannseck

SCHÖNE AUSSICHTEN

Grünewarf

Neuer Bongsieler Kanal

Eggenswarft

Norderschule

Vogelschutzgebiet Hauke-Haien-Koog

Redlefswarft

Christianswarft

Altendeich

Bongsiel

Nordwarf

Beobachtungshütte Hauke-Haien-Koog

Kleine Gaarde

Federswarft

4

Ockholm

Tadenswarft

Große Gaarde

Peterswarft

Westerdeich

Sönnenswarft

Süderwarft

DIE RADELPAUSEN

>> START
Fähranleger, Rixwarf

KM 1,5
1 Leuchtturm
Der Rhythmus der Wellen

KM 9
2 Segellore, Ketelswarf
Ein Lob der Lore

KM 10,5
3 Kirche, Kirchwarf
Die Tür steht offen

UND8
ÜBERALL
WASSER

Die Hallig Langeneß
rauf und runter

*Mitten im Wattenmeer ist alles anders, sind Wind und schnelle Wetter-
wechsel die Norm, und der ewige Duft des Meeres beherrscht die Luft.
Bei Ebbe wird er vom Watt, nach der Sturmflut von den Wiesen ausge-
atmet. Also ist es so: Die Halligleute leben nicht am, sondern im Wasser.*

KM 22,5

5 Halligbank, Rixwarf
Meditative Minuten

KM 22

4 Hilligenley
Kuchen mit Ausblick

KM 22,5 » ZIEL
Fähranleger Rixwarf

AN AUGUSTTAGEN WIRKT DIE HALLIG ...

 ... besonders schön, als hätte sie sich ein lila Kleid übergezogen. Es ist der Halligflieder, der an vielen Ecken blüht. Vom Fähranleger führt der erste Weg zum **Leuchtturm**. Eine Wolke in Form eines Schafs löst sich nach und nach auf. Austernfischer laufen zwischen Halligflieder umher, Schafe liegen malerisch zwischen bunten Blüten oder grasen.

Langeneß ist die größte der Halligen. 956 Hektar. Extensive Landwirtschaft mit Pensionsvieh und eigenen Schafen sowie jede Menge Brutflächen für die lieben Watvögel. Vor die Warf des Leuchtturms klatscht das Wasser. Auf Langeneß verzichten sie auf das »t« der Warf(t)en. Das sind Erdhügel aus Klei, entwässertem Schlick, die als Einzige aus dem Wasser ragen, wenn es etwa zwanzigmal im Jahr »Land unter« heißt.

EIN TÜTER, AUCH ROTSCHENKEL GENANNT, STEHT WARTEND AUF EINEM ZAUNPFAHL UND MACHT TÜRELÜ

Mit Rückenwind radelt es sich bequem bis ans östliche Ende der Hallig zum Lorenbahnhof, der nur von den Einheimischen genutzt werden kann. Nur selten kommt einem ein Auto auf den schmalen Straßen entgegen. Dann helfen die kleinen Haltebuchten. Auf dem Ringdeich der Ketelswarf steht sie, die berühmte **Segellore**, gebaut nach dem Original der noch berühmteren »Kapitän Magda«.

Da ein kräftiger Schauer niederprasselt, freut man sich umso mehr, dass die Tür der **Kirche** geöffnet ist, und erlebt sonnige Momente im Innern. Gegenwind ist immer, mal mehr, mal weniger. Spätestens auf dem Rückweg vom Lorenbahnhof erschwert er die Bemühungen. Wenn die Zeit drängt, weil man sich hier und dort verloren hat. Wenn man nicht sicher ist, es rechtzeitig zu schaffen, weil der Weg so weit aussieht.

Am Ende bleibt doch noch Zeit für Kaffee und Kuchen auf **Hilligenley** und für meditative Minuten auf einer **Halligbank**. Inzwischen hat sich das Wasser zurückgezogen. Schwarze Wolken ziehen von Westen auf, die Fähre dreht ihre letzte Runde durch die Fahrrinne, bevor sie vor der Rixwarf anlegt. Das Wasser glatt wie ein Spiegel, die Wolken begutachten sich darin. Der Himmel wirkt weiter, die Luft salzgetränkter, das Leben intensiver.

Die Bewohner:innen von Langeneß
sind stolz auf ihre Loren.

Halligschafe führen ein besonders
entspanntes Leben.

Mit ein bisschen Glück sind auf dem Weg
zur Hallig Robben zu sehen.

RADELN & GENIESSEN

» START
Fähranleger, Rixwarf

Von der Rixwarf kommend den ersten Weg links einbiegen. Immer geradeaus.

KM 1,5

1 Leuchtturm
Der Rhythmus der Wellen

Wenn der Halligflieder beim Leuchtturm blüht.

Langeneß war nicht immer so lang. Die Hallig wuchs durch Landgewinnungsmaßnahmen aus drei Halligen zusammen, der westliche Zipfel heißt Nordmarsch und war einst eigenständig. Dementsprechend heißt das Leit- und Quermarkenfeuer von Langeneß »Nordmarsch«. Der einfache rotbraune Ziegelturm mit der Laterne ging 1902 in Betrieb. Bei Sturmflut ragt der 11,5 Meter hohe und auf einer Warf stehende Turm einsam aus dem Meer. Am schönsten ist es, hier am westlichen Ende auf der Bank am Turm zu sitzen und einfach den Wellen beim Plätschern zuzuschauen.

Etwa den halben Weg zurück, bis links ein Weg abgeht. Rund um die Kirchhofwarf radeln bis zur sogenannten Hauptstraße der Hallig, der K 44. Wer will, macht zwei Schlenker, einmal nach links ans Wasser sowie zur Mayenswarf, wo man zum Beispiel im Ankers Hörn Kuchen essen könnte.

So muss man sich eine Segellore vorstellen.

Auf Langeneß ist der Kirchbau mit Reet gedeckt.

SCHÖNER ORT
DER STILLE

KM 10,5

3 Kirche, Kirchwarf
Die Tür steht offen

Der reetgedeckte Saalbau ist von Weitem nicht unbedingt als Kirche auszumachen, doch dann sieht man das weiße Kreuz über dem Vorbau. Gleich neben dem Eingang steht separat ein für die Gegend typischer Glockenturm. 1824 wurde die Kirche auf den Fundamenten des Vorgängerbaus errichtet und teilweise als Schulhaus genutzt. Schätze aus vergangenen Perioden blieben erhalten: ein Taufstein aus romanischer Epoche, ein Flügelaltar aus dem 17. Jahrhundert. Das Licht bricht sich durch das Seitenfenster und fällt auf die betende Holzskulptur und den Taufstein. Gerne möchte man eine Weile auf einer der blauen Bänke sitzen bleiben, auch wenn der Regen längst vorbei ist.

Einmal die K 44 bis zum Ende fahren, den Lorenbahnhof bewundern und wieder zurück. Eventuell einen Abstecher auf die neu entstehende Klimawarf am Treuberg werfen. In Hilligenley abbiegen.

KM 9

2 Segellore, Ketelswarf
Ein Lob der Lore

Ein bisschen wie ein überdimensionierter Schubkarren mit gerafftem Segel wirkt das Holzgerät auf der Ketelswarf neben der kleinen Bockmühle. Beides sind Ausstellungsstücke, die an das frühere Leben der Halligleute erinnern. 1928 erbaute man den Schienendamm zum Festland für den Küstenschutz. Das machte die Einwohner:innen unabhängiger vom Schiffsverkehr. Ein Tischlermeister aus Föhr erschuf jenes Erinnerungsstück auf der Warf nach dem Vorbild der Segellore der legendären »Kapitän Magda«. Die gute Frau fuhr damit bis in die 1960er-Jahre zwischen Dagebüll, Oland und Langeneß hin und her. Heute geht es etwas komfortabler mit einem kleinen Motor über den Damm, doch sind die Loren immer noch Marke Eigenbau, wenn auch TÜV-geprüft.

Weiter auf der K 44 bis zur Kirchwarf.

Päuschen gefällig?
Bänke mit Aussicht gibt es genug.

Kaffee, Kuchen und der Duft des Meeres –
das ist Langeneß.

KM 22

④ Hilligenley

Kuchen mit Ausblick

Eine der bekanntesten der 18 Warfen von Langeneß ist Hilligenley. Der Kleihügel ist bereits auf älteren Karten eingezeichnet und datiert mindestens auf das 15. Jahrhundert zurück. Gleich von der Fähre sieht man Hilligenleys Häuser rechts vom Anleger. Eines davon ist das gleichnamige Hotel und Gasthaus der Familie Karau, auf dessen Sonnenterrasse man frisch gebackenen Kuchen bei Meerblick schlemmen kann. Auf der regional ausgerichteten Speisekarte steht auch genügend Herzhaftes, darunter Krabben, Fisch sowie Fleisch vom Nachbarhof. Mitbringsel wie Hallighonig sind im Café zu finden. Im Sommer beherbergt der Stall der Nachbarn die Programmreihe »Kultur auf den Halligen«. (www.hilligenley.de)

Es ist nur noch ein kleines Stück bis zur Rixwarf.

KM 22,5

Halligbank, Rixwarf

5 **Meditative Minuten**

KM 22,5 » ZIEL

Fähranleger Rixwarf

Wenn man sich hier hinsetzt, kann auch das gerade Erlebte sich setzen. Die Halligbänke sind allesamt zum Meer ausgerichtet, wie sollte es anders sein. Beim Anblick des glitzernden Wassers fällt das Nachdenken, Meditieren, Philosophieren leicht. Oder einfach mal nichts zu tun und zuschauen. Sich in der Schönheit zu verlieren. Man will sich ins Gras werfen, von Halmen kitzeln lassen und die Augen schließen. Aber nicht zu lange, sonst fährt die Fähre ohne einen zurück. Was allerdings nicht wirklich schlimm wäre, schließlich lernt man den Landflecken mitten im Meer am besten kennen, wenn man bleibt.

Und noch ein paar Meter zurück zum Anleger.

Was wie eine Skultpur anmutet, dient landwirtschaftlichen Zwecken.

DAS ETWAS ANDERE FOTOMOTIV!

AUF EINEN BLICK

» **Start/Ziel:** Fähranleger Rixwarf (erreichbar mit der Fähre ab Schlüttsiel, Aufenthalt etwa drei Stunden)
» **Strecke/reine Radelzeit:** 22,5 km, 2 Std. (Rundtour)
» **Höhenmeter:** ↗ 4 m ↘ 4 m
» **Wegbeschaffenheit:** Schmale Halligstraße mit Haltebuchten sowie loser Untergrund auf dem Weg zum Leuchtturm.
» **Beste Zeit:** Im August zur Halligfliederblüte. Tägliche Fährfahrten von April bis Oktober, danach fünfmal die Woche.
» **Mitnehmen:** Packtasche, eventuell Badesachen.

AUF DER "HALLIGHAUPTSTRASSE" GIBT ES HALTEBUCHTEN BEI GEGENVERKEHR

Naturschutzgebiet
Nordfriesisches
Wattenmeer

Norderhörn

Süderhörn

Mayenswarf

EINMAL KURZ SCHAUEN, WIE DIE WARFT DER ZUKUNFT WÄCHST

Treuberg

EIN BISSCHEN SCHIEBEN IST AUCH SCHÖN

Kirchhofswarf

Neu-
Peterswarf

Alte
Peterswarf

NEUGIERIGE SCHAFE ZU ALLEN SEITEN

Leuchtturm **1**

Hilligenley

4 Gasthaus Hilligenley

5 Bank, Rixwarf

Fähranleger, Rixwarf **START & ZIEL**

Hooge-Langeneß

N

Ø   1   2 KM

Süderaue

Café
Kookenstuv

Kapitän-Tadsen-Museum

2

Segellore, Ketelswarf

3 Kirche, Kirchwarf

Hunnenswarf

Peterhaitzwarf

Bandixwarf

Honkenswarf

Peterswarf

Neuwarf

Christianswarf

Tadenswarf

Tamenswarf

Schlüttsiel-Hooge

Gröde - Hooge

Nordstrand - Hooge

DIE RADELPAUSEN

»START
Bahnhof Bredstedt

KM 4,5
② Fernmeldeturm Stollberg
In luftiger Höhe

KM 3,5
① Nicolai-Kirche Bordelum
Wunder am Wegrand

KM 6
③ Bordelumer Heide
Das rosa Farbwunder

9

SCHÄFCHEN ZÄHLEN

Von Bredstedt zum Stollberg und auf die Hamburger Hallig

Ausgesprochen abwechslungsreich nimmt sich die Strecke aus, die von den Geesthügeln über die Marsch zur Hallig hinausführt und die Kulturgeschichte mit landschaftlicher Schönheit verknüpft. Heide, Wald, Salzwiesen und Wattboden – und ganz viele Schafe, oben und unten.

KM 17,5

4 Strand, Hamburger Hallig
Der Duft des Meeres

KM 18

5 Hallig-Krog, Hamburger Hallig
So schmeckt Nordfriesland

KM 30,5

6 Schweinebrunnen Bredstedt
Saumäßig gut!

KM 31 >> ZIEL
Bahnhof Bredstedt

AUF DEM WEG ZUM STOLLBERG ...

 ... wirkt die **Nicolai-Kirche** wie eine Entdeckung mitten im ländlichen Raum, der von Landwirtschaft geprägt ist. Als höchste Erhebung Nordfrieslands gilt der Berg mit nur 44 Metern Höhe. Er ist Teil des parallel zur Küste verlaufenden Hügelrückens, der sogenannten Geest. Davor das flache Schwemmland, die Marsch. Beides ist von der Aussichtsplattform des **Fernmeldeturms** zu sehen. Die Treppe wirkt abgenutzt, der Belag teilweise abgeblättert, das Gestell mit Moos überzogen. Doch der Ausblick auf den Koog bis in die Halligwelt lohnt jede Mühe, und das Straßenrauschen der nahen B 5 nimmt mit jeder Stufe ab. Wieder geerdet, empfängt einen der Geruch der Kühe, die stoisch wiederkäuend die wenigen Wandernden und Radelnden begutachten.

FINDET MANCH SCHAF EIN ALLEIN-STEHENDES RAD, SCHNUPPERT ES GENÜSSLICH DARAN

Noch ein Abstecher in die **Bordelumer Heide**, dann wartet die Hamburger Hallig auf Entdeckung. Schäfchenwolken am Himmel, Schafe und Lämmer zu beiden Seiten des Wegs. Neugierige, freche, vor allem aber lässige Tiere. Wer nun absteigt, um zu fotografieren, muss eventuell mit einer Interaktion rechnen.

Der Name der Hallig wirkt irreführend, denn die **Hamburger Hallig** liegt gut 160 Kilometer von der Hansestadt entfernt. Und dennoch gibt es eine Verbindung, die ins 17. Jahrhundert zurückgeht: Die Gebrüder Amsinck, Hamburger Kaufleute, deichten das Land ein. Doch vom so entstandenen Koog blieb nur noch die Hallig übrig.

Acker-Gänsedisteln leuchten gelb am Wegesrand. Der Queller ragt in die Höhe, wo das Wasser steht. Vereinzelt noch blüht Halligflieder nebst Melde und Strand-Beifuß. Aus den Salzwiesen erklingen Vogelstimmen, sie dienen als Rast- und Brutgebiet. Vor allem Säbelschnäbler, Rotschenkel und Austernfischer beherbergen die Wiesen. Außerdem erfreut sich die Hamburger Hallig bei zahlreichen Gänsen im Frühjahr und Herbst großer Beliebtheit. Bevor es an den **Strand** geht, schwirrt eine Wolke von Staren am Horizont auf und nieder, die sich ständig neu erfinden.

Kurz vor Schluss passiert die Tour den **Schweinebrunnen**, der die Ausflügler:innen noch mal auf ganz andere Weise über den Umgang der Menschen mit der sie umgebenden Natur nachdenken lässt.

RADELN & GENIEßEN

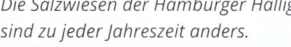

Die Salzwiesen der Hamburger Hallig sind zu jeder Jahreszeit anders.

≫ START
Bahnhof Bredstedt

Es geht in nördlicher Richtung die Eisenbahnstraße entlang und beim Kreisverkehr links in den Toftweg. Über Süderende hinaus aus der Stadt, durch Ost-Bordelum und weiter auf dem Kirchenweg.

KM 3,5

1

Nicolai-Kirche Bordelum
Wunder am Wegrand

Ein altes Kirchlein, das außerhalb der Ortschaft liegt? Seltsam. Der Grund ist, so vermutet man, dass bereits ein Heiligtum in der Nähe war, sodass aus missionarischer Sicht dieser räumliche Zusammenhang für die eigenen Zwecke genutzt wurde. Laut einer anderen Theorie ist die Landgewinnung durch Eindeichung schuld am Umzug der einstigen Bewohner:innen, die den sicheren Hang nun verließen. Auf zu neuen Äckern also. Der erste Bau stammt aus dem 12. Jahrhundert, die Altarapsis gibt Zeugnis davon. Hinzu kommt ein spätgotischer Chor, und auch die Renaissance hat ihre Spuren hinterlassen. Spaziert man um die Kirche, ist ihre wechselhafte Geschichte abzulesen. Auch sind alte Grabsteine an die Kirchenwand gelehnt. Wer sich im Innern auf blassblauen Bänken niederlassen möchte, um den Flügelaltar aus dem 17. Jahrhundert zu studieren: Den Schlüssel gibt es beim Küster (siehe Aushang vor Ort).

Weiter über Kirchenweg und Ole Landstraat. Rechts zum Stollberg.

Ein architektonisches Juwel außerhalb der Ortschaft ist die Nicolai-Kirche.

KM 4,5

2

Fernmeldeturm Stollberg
In luftiger Höhe

Als Teil des Geestrückens ragt der Stollberg immerhin rund 44 Meter in die Höhe. Zur Plattform des Turms steigt man noch einmal 20 Meter nach oben. Nur für Schwindelfreie! Die Konstruktion ist luftig, und man kann zwischen den Stufen hindurchsehen. Auch lässt die Treppe bereits Zeichen fortgeschrittenen Alters erkennen. Endlich oben angelangt! Ein paar Graffiti an den Wänden der schlichten Funktionsarchitektur aus den 1970er-Jahren verleihen dem Turm Farbe und Charme. Vor allem aber wischt der Ausblick bei schönem Wetter über die Marsch- und Geestlandschaft bis zu den Halligen und Inseln alle Bedenken weg.

In nördlicher Richtung auf Am Stollberg und Na de Heide fahren.

Ein paar Stufen hinauf zum Glück, insofern das Wetter klar ist.

KM 6

3

Bordelumer Heide
Das rosa Farbwunder

Ab Mitte August blühen die Bordelumer und Langenhorner Heide auf. Wo der Wald endet, breiten sich rosafarbene Teppiche aus. Im gesamten 192 Hektar großen Naturschutzgebiet kann es sowohl auf trockenen, sandigen als auch auf feuchteren Geestböden blühen. Schön ist es, einfach dem Gesumme und Gebrumme der zahlreichen Insekten zu lauschen, denn die Luft über dem Blütenteppich scheint vor lauter Aktivität zu flimmern. Es heißt, um die 300 Insektenarten tummelten sich in der Besenheide, darunter Seidenbienen und Hummeln. In den angrenzenden Schilfzonen finden sich viele Libellen. Mit oder ohne Blütenmeer kann man sich bei einem Spaziergang in der Heidelandschaft ein bisschen lockern und in der Natur verlieren.

Zurück über den Heideweg, durch Uphusum hindurch und über die Koogchaussee zum Sönke-Nissen-Koog. Nahe dem Amsinck-Haus beginnt der Weg über den Deich in Richtung Hallig.

Wenn im August die Heide blüht, macht ein Spaziergang noch mehr Freude.

KM 17,5

4 Strand, Hamburger Hallig
Der Duft des Meeres

Ebbe oder Flut? Zwei Stunden vor und nach Hochwasser kann man am Rand der Hallig baden. Treppen führen hinab ins Wasser, sodass sich auch erst mal die Temperatur testen lässt. Herrscht Ebbe, kann man mit nackten Füßen den Wattboden unter den Sohlen spüren. Nach den Sandhaufen der Wattwürmer Ausschau halten. Auf den Horizont blicken und den Duft des Meeres inhalieren. Und wenn man sich wieder der Hallig zuwendet, sind sie vielleicht da: Strandschafe, die sich selbstbewusst und ungezwungen unter Badegäste und diejenigen mischen, die das Watt erwandern.

Zum Hallig-Krog, der auf einer Warft liegt, sind es nur wenige Schritte über den Weg durch die Salzwiese.

EINMAL SCHLICK-FÜSSE BITTE!

Bei Ebbe dem Meer hinterherlaufen oder bei Flut schwimmen, das ist die Frage.

Idylle mit Schafen rund um den Hallig-Krog.

KM 18

5 Hallig-Krog, Hamburger Hallig
So schmeckt Nordfriesland

Herzhaft oder süß? Manche kommen zum Essen auf die Hallig.

An schönen Sommertagen ist die Terrasse vor dem Hallig-Krog prall gefüllt mit Gästen, darunter auch viele Einheimische, die es für einen Ausflug hierherzieht. Man futtert frisch gebackene Waffeln oder Kuchen, doch dampfen rundherum an den Tischen auch viele regionale Gerichte auf den Tellern. Ein Klassiker: die Lammfrikadellen mit geschmolzenen Zwiebeln, kreiert vom Team rund um Erik Brack, den ehemaligen Traumschiff-Koch. Beliebt für zwischendurch ist auch der Wattenmeersalat mit Sylter Zuckeralgen und Krabben. Von April bis Oktober hat der Hallig-Krog täglich geöffnet und sorgt für das leibliche Wohl der Wattwandernden, Schwimmenden, Radelnden und Naturfreaks. (www.hallig-krog.de)

Über Reußenkoog, Sophien-Magdalenen-Koog und Bredstedter Koog zurück ins Städtchen.

KM 30,5

6 Schweinebrunnen Bredstedt
Saumäßig gut!

Eine oftmals unterschätzte Kleinstadt im mittleren Nordfriesland ist Bredstedt. Der Luftkurort liegt in der nordfriesischen Marsch am Fuße des Stollbergs und etwa vier Kilometer Luftlinie von der Nordsee entfernt. Bis 1477 kam das Meer noch bis hierher, der Ort hatte einen Hafen. Die Stadtrechte erhielten die Bredstedter im Jahr 1900. Zu Ehren des 100-jährigen Jubiläums schuf der Kieler Künstler Ben Siebenrock einen Schweinebrunnen, der entfernt an Sparschweine erinnert. Der Künstler greift das Thema auf: Das Sparschwein stammt ursprünglich aus Indonesien, wo es auf den Feldern vergraben wurde, um die Erdgötter gnädig zu stimmen. Zudem möchte er mit den übereinandergestapelten Tieren auch den Umgang des Menschen mit ebendiesen thematisieren. Der Brunnen provozierte einen Bürgerentscheid, doch es fehlten Stimmen, um das Projekt zu verhindern. Heute lächeln die Schweine auf dem Markt.

Den Markt in die andere Richtung weiterfahren, um auf der Bahnhofstraße zum Ausgangspunkt zu gelangen.

EXTRA INFOS:

Für alle, die tiefer in die Region eintauchen wollen: Das ● **Nordfriisk Instituut** präsentiert sich nicht nur als Einrichtung zur Erforschung, Förderung und Pflege der nordfriesischen Sprache, im dazugehörigen »Nordfriisk Futuur« kann man sich in einer interaktiven Ausstellung mit allen Aspekten der nordfriesischen Kultur befassen. (www.nordfriiskinstituut.eu)

Wieder hungrig? Auf dem Markt 39 lässt sich im ● **Fünfzehnbar Marktpavillon** Bredstedter Atmosphäre einsaugen. Die Burger (auch vegetarisch) werden von Einheimischen empfohlen. (www.facebook.com/fuenfzehnbar)

KM 31 » ZIEL
Bahnhof Bredstedt

Am Schweinebrunnen von Ben Siebenbrock schieden sich die Geister.

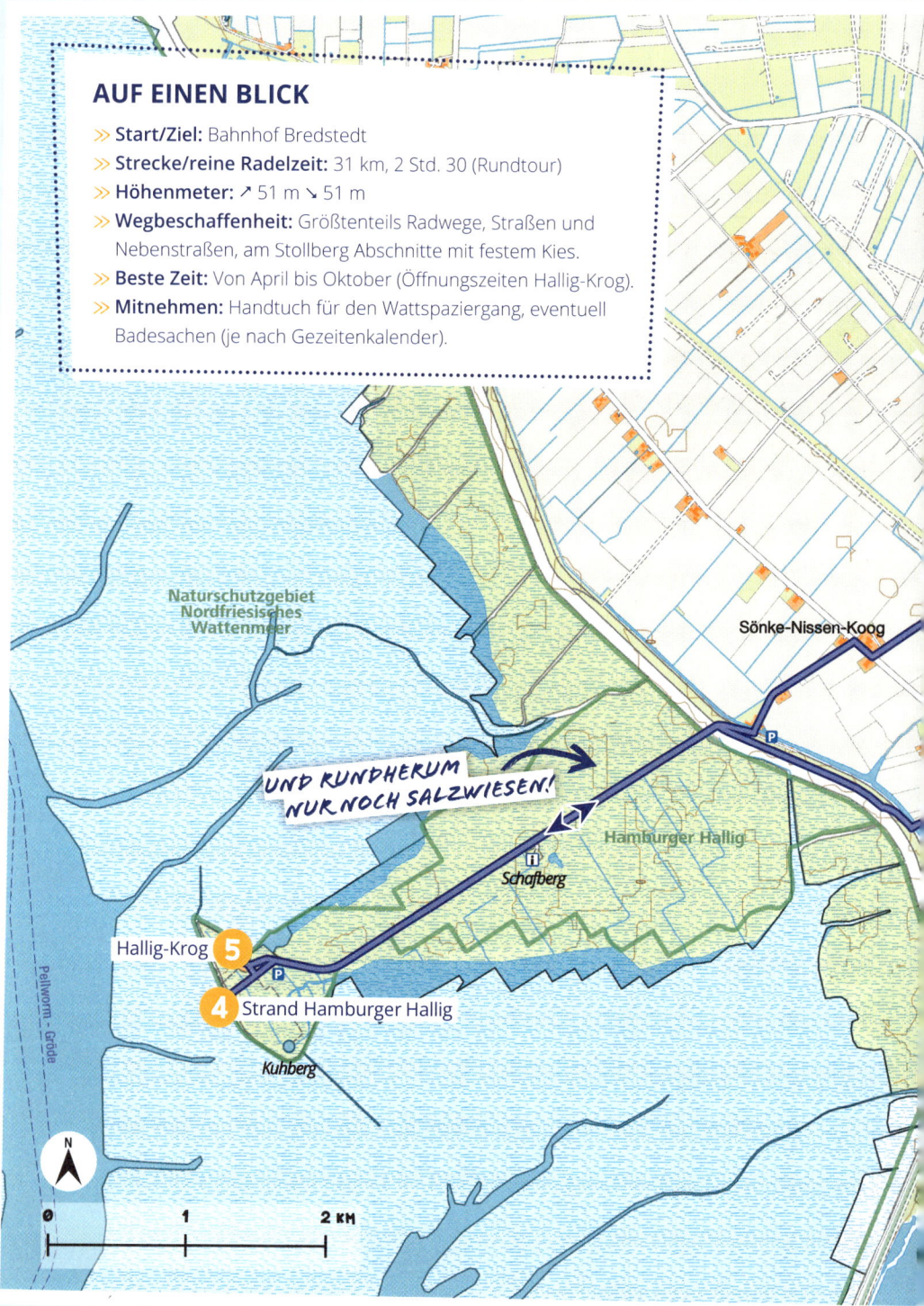

AUF EINEN BLICK

» **Start/Ziel:** Bahnhof Bredstedt
» **Strecke/reine Radelzeit:** 31 km, 2 Std. 30 (Rundtour)
» **Höhenmeter:** ↗ 51 m ↘ 51 m
» **Wegbeschaffenheit:** Größtenteils Radwege, Straßen und Nebenstraßen, am Stollberg Abschnitte mit festem Kies.
» **Beste Zeit:** Von April bis Oktober (Öffnungszeiten Hallig-Krog).
» **Mitnehmen:** Handtuch für den Wattspaziergang, eventuell Badesachen (je nach Gezeitenkalender).

Naturschutzgebiet
Nordfriesisches
Wattenmeer

Sönke-Nissen-Koog

UND RUNDHERUM NUR NOCH SALZWIESEN!

Hamburger Hallig

Schafberg

Hallig-Krog **5**

4 Strand Hamburger Hallig

Kuhberg

Pellworm - Gröde

N

0   1   2 KM

Büttjebüll

Dörpum

Betriebsstofflager
Husum/Bordelum

3 Bordelumer Heide

Langacker

*ENDLICH EIN PAAR
BÄUME! SCHATTEN!*

B 5

Stollberg

Ost-Bordelumfeld

Sterdebüll

Ebüll

usum

Margarethenberg

2 Fernmeldeturm Stollberg

*EIN LAND
AUS ÄCKERN
UND GRÄBEN*

Bordelum
Kirche

1 Nicolai-Kirche

Bordelum

P

*LÄNDLICHE
RUHE ÜBERALL*

B 5

Friedensburg

Bordelumsiel

Bredstedt

Mühlenteich

Bahnhof Bredstedt
START & ZIEL

Fünfzehnbar Marktpavillon

6 Schweinebrunnen

Riddorf

P

Nordfriisk Instituut

Reußenkoog

P

Breklum

P

Sophien-Magdalenen-Koog

B 5

*Speicherbecken
Sönke-Nissen-Koog-Siel*

Struckum

*Beltringharder
Koog*

DIE RADELPAUSEN

»START
Husumer Bahnhof

KM 6
1 Seebrücke Schobüll
Übers Wasser laufen

KM 20,5
2 Speicherbecken
Der Ort der Watvögel

KM 23
3 Lüttmoorsiel
Let's lunch!

EINMAL RUND 10 UM DEN PUDDING

Im Beltringharder Koog

Ein Koog für den Naturschutz: Seit der Eindeichung der Nordstrander Bucht in den 1980er-Jahren wächst und gedeiht er, was Scharen von Vögeln freut. Und wer im größten Naturschutzgebiet Schleswig-Holsteins nicht zum Ornithologen wird, schafft es nirgendwo.

KM 26

4 Beobachtungshütte am Lüttmoordamm
Wie im Kino, nur live

KM 38,5

5 Magisterhof
Kaffee mit Ausblick

KM 42

6 Dockkoog
Ab ins Meer!

KM 46,5 » ZIEL
Husumer Bahnhof

AUF DIE SCHOBÜLLER SEEBRÜCKE ...

... gelangt man zu Fuß. Bei Hochwasser kann man vom Kopf der **Brücke** ins Wasser gleiten und schwimmen. Ansonsten ist es ringsherum grau, das Watt eine feuchte Angelegenheit. Muster zeichnen sich ab, Vogelspuren hier, Fußabdrücke dort. Als hätten die Wattläufer etwas hinterlassen, vergängliche Kunst. Sonst sind da nur Pfützen vom Meer und sein Duft. Ein Rotschenkel dreht seine Runden, ein Reiher erhebt sich schwerfällig aus dem Schilf.

Mit dem Fahrtwind als Begleiter fühlt sich der Sommertag wunderbar angenehm an. Schafe bevölkern die Wiesen des Damms nach Nordstrand. Hier und dort ein Kiebitz mitten darunter, den Haubenkopf aufgerichtet. Wachsam. Blühende Holunderbüsche ragen aus dem Schilf empor, hüllen alles mit ihrem Duft ein. Das Wasser vom Holmer See glitzert in der Ferne, einst war hier alles Meer und Nordstrand eine Insel.

ÜBERMÜTIG MIT DEN BEINEN WIPPEN, WEIL AUF DEM WEG ZWISCHEN DEN WASSERN DIE STILLE WOHNT

Am Holmer Siel links das Watt, rechts das Wasser der **Speicherbecken**, die durch die Eindeichung entstanden sind, zur Freude der Watvögel: Austernfischer, Strandläufer, Pfuhlschnepfen. Auch Brandgänse und Lachmöwen sind auszumachen. Tschüss, Nordstrand! Der Außendeich mitsamt parallelem Radweg verläuft nunmehr zwischen Watt und Speicherbecken, und außer weiteren Radreisenden ist niemand unterwegs. Möglicherweise haben alle ein gemeinsames Ziel, die Integrierte Station Lüttmoorsiel.

Wer noch nicht genügend Vögel gesichtet hat, darf sich auf den **Lüttmoordamm** freuen. Vor allem Graugänse sind hier unterwegs, im Frühsommer noch gemeinsam mit dem Gössel. Kurz vor Ende des Damms lädt eine **Beobachtungshütte** zum Stopp ein. Es ist ein Eintauchen in die Dunkelheit, eine Blackbox mit Ausguck ins gefiederte Leben. Auf der anderen Seite des Beltringharder Koogs führt der Weg am Mitteldeich entlang, kaum frequentiert.

Zurück in Schobüll laden die Schatten spendenden Arme der Eiche am **Magisterhof** dazu ein, aufs Wasser blicken, das langsam, aber stetig zurückkommt. Zum krönenden Abschluss ins Meer hüpfen? Am **Husumer Dockkoog** steht das Wasser schon hoch genug.

Blühstreifen erfreuen die Seele.

Wenn ein Lamm den Lorenweg blockiert.

Über den Damm auf die Halbinsel Nordstrand.

RADELN & GENIEßEN

>> START
Husumer Bahnhof

Über Danckwerthstraße, Binnenhafen und Neustadt raus aus der Stadt. Von der Marktstraße links auf die Schobüller Straße abbiegen.

Ein Rotschenkel auf Nahrungssuche im Watt.

Eine Seebrücke als Weg ins Wasser und Promenade der Schobüller.

KM 6

1 Seebrücke Schobüll
Übers Wasser laufen

In Schobüll reicht die Geest bis ans Meer und schützt die meisten Häuser vor Überflutung. Daher durfte der zu Husum gehörende Ort ausnahmsweise deichfrei bleiben. Rings um den Steg plätschert entweder das Wasser, oder die Welt versinkt in Wattgrau. Über die Holzplanken promenieren die Einheimischen, treffen sich, schauen nach Nordstrand, nach dem Wetter, nach dem Meer, plaudern bisweilen miteinander und schlendern langsam zurück. Vielleicht kommt man für den Sonnenuntergang wieder, der ist nämlich auf der Seebrücke besonders schön. Oder wenn das Wasser bei stärkerem Wind durch den Steg spritzt und der Spaziergang zum Eiertanz wird.

Über den Damm zwischen Schobüll und Nordstrand erreicht man nach der Kurve den Süderquerweg und den Hüttenweg, bis man rechts in den Jebenweg einbiegen kann. Holmer Siel ist fast erreicht.

Auf dem Dach der Integrierten Station Westküste in Lüttmoorsiel.

KM 23

3 Lüttmoorsiel
Let's lunch!

Der Seedeich gilt als Badestelle der Bredstedter und ist Startpunkt für geführte Wattwanderungen nach Nordstrandischmoor. Nur wer dort übernachtet, kommt in den Genuss einer Fahrt mit der Lore auf die Hallig. Mit etwas Glück rattert gerade eines der selbst gebauten Gefährte über die Schienen hinaus aufs Watt. Seit Neuestem kann man sich in der Integrierten Station über das Leben im Wattenmeer informieren oder den Blick von ihrem Gründach in die Ferne schweifen lassen. Im Kiosk fisk.ahoi lässt sich unter der Saison von mittwochs bis sonntags eine kulinarische Pause einlegen. Spezialität: Friesenbowls, auch in der vegetarischen Variante. Neben Fischbrötchen und leckeren Fritten gibt es hausgebackenen Kuchen zum Kaffee. Das fisk.ahoi gehört den Machern des beliebten Bistros norditeran in Bordelum. (norditeran.com)

Nur ein paar Kilometer über den Lüttmoordamm strampeln.

KM 20,5

2 Speicherbecken
Der Ort der Watvögel

Links neben dem Damm plätschert das Meer, rechts erstrecken sich die Speicherbecken des Beltringharder Koogs. Je nach Jahreszeit ist hier mehr oder weniger viel los. Vor allem im Frühjahr und Herbst sind die Becken und Wiesen bei Zugvögeln beliebt. Der Damm mildert den Westwind ein wenig ab, und eine wundersame Ruhe erfüllt das Naturschutzgebiet. Kein Auto überholt einen, höchstens einmal andere Radreisende auf dem Weg nach Lüttmoorsiel. Wo heute der Weg zwischen den Wassern hindurchführt, toste einst das Meer bei Sturm durch die Nordstrander Bucht. Rechts läuft die Arlau zunächst in ein breites Speicherbecken und gelangt über eine Schleuse ins Meer. Weiter nördlich breitet sich eine riesige Salzwasserlagune aus.

Immer hübsch weiter geradeaus radeln.

Die kleine kulinarische Pause am Kiosk fisk.ahoi lohnt sich.

*Graugänse sind am Lüttmoor-
damm meist zu sehen.*

KM 38,5

5 Magisterhof
Kaffee mit Ausblick

Bei sonnigem Wetter ist es am schönsten, unter den ausgreifenden Armen der alten Eiche zu meditieren. Vor allem, wenn sich das Meer langsam seinen Weg zurück bahnt und das vielfältige Leben im Watt unter sich verbirgt. Der Magisterhof gilt als Institution in Schobüll, ein Backsteinbau mit skandinavisch angehauchter, heller Einrichtung und windgeschützter Terrasse. Neben diversen Kuchen und Torten aus eigener Produktion könnte man zu Mittag oder Abend essen. Alle Lieferanten aus der Region sind vor Ort aufgelistet, so kommt das Eis beispielsweise aus Trollebüll. Obgleich die Straße von Husum hier durch den Ort führt, profitiert man von der deichfreien Stelle und dem Ausblick in die Husumer Bucht bis Nordstrand. (magisterhof.de)

Ein kleines Stück zurückfahren, links einbiegen. Fast allein unter Schafen: Vorsichtig über den Deichweg zum Husumer Dockkoog gondeln.

KM 26

4 Beobachtungshütte am Lüttmoordamm
Wie im Kino, nur live

Ein bisschen versteckt liegt sie schon, doch meist weisen ein geparktes Auto oder ein paar abgestellte Fahrräder auf Leben in der Hütte hin. Man folgt dem schmalen Pfad, der vom Damm ins Grüne führt. Eine Hütte aus Holz liegt vor dem eigentlichen Geschehen auf dem Lüttmoorsee. Dort ziehen Schwäne, Entenküken und Teichrallen ihre Runden, Kiebitze chillen neben Graugänsen, und ein Rotschenkel stochert nach Nahrung im seichten Uferwasser. Am schönsten ist es, wenn man die Hütte mit den schmalen Sehschlitzen ganz für sich allein hat. Dann konzentriert sich alles auf den Einblick in die gefiederte Welt da draußen. Auf ihre Kommunikation, möglichen Streit und das meist friedliche Nebeneinander.

Am Mitteldeich entlang und über Wobbenbüll zurück nach Schobüll.

Wenn »Windhosen« nicht wehen: ein Kunstwerk von Julia Bornefeld am Dockkoog.

Kaffee und Kuchen mit Meerblick bietet der Magisterhof in Schobüll.

EXTRA INFOS:

Einmal mit dem ● **Tuckerboot** »Möwe Willi« durch den Außenhafen cruisen und sich über die Krabbenkutter, das Treiben auf der Werft und den Küstenschutz aufklären lassen. (www.hafenrundfahrt-husum.de)

Gleich hinterm Binnenhafen kann man in Husums ältestem ● **Gasthof Dragseth** einkehren. Das Gebäude stammt aus dem 16. Jahrhundert, eine ehemalige Ausspannwirtschaft. Bauern und Viehhändler kamen über den Ochsenweg nach Husum, um ihre Rinder auf den Viehmarkt zu bringen. Heute genießt man hier Hausmannskost und eine gute Prise Nostalgie. (www.dragseths-gasthof.de)

KM 42

6 Dockkoog
Ab ins Meer!

KM 46,5 » ZIEL
Husumer Bahnhof

Nicht immer ist es da, doch nun steht das Wasser bis zu den Knien, wenn man von einer der Badetreppen ins Watt geht. Jetzt noch ein bisschen waten, schließlich lässt man den Körper langsam hineingleiten. Liegt obenauf. Sich sachte schaukelnd in das Blau des Himmels zu vertiefen, das ist pures Glück. Die grüne Badestelle an der Spitze des Dockkoogs ragt wie eine Mini-Halbinsel in die Bucht hinein. Exponiert. Die »Windhosen«, ein Kunstwerk von Julia Bornefeld, stehen steif in einer imaginären Brise. Strandkörbe bieten Schutz gegen Sonne und Wind. Doch auf den Dockkoog kommen Veränderungen zu: Aufgrund des Meeresspiegelanstiegs muss der Deich verstärkt werden.

Über den Außenhafen und Binnenhafen geht es zurück zum Ausgangspunkt.

Mit etwas Glück ist noch ein Strandkorb frei.

Lüttmoorsee

Beobachtungshütte **4**

Lüttmoorsiel **3**

GÄNSE-ALARM!

Salzwasserlagune

WO ES NACH
MEER DUFTET

Nordkoog

Beltringharder
Koog

2 Speicherbecken

Arlau-Speicherbecken

Holmer See

EINSAME FELDER
RINGSHERUM

Oben

Elisabeth-Sophien-Koog

Morsumkoog

Pohnshalligkoog

Osterkoog

Thormählenhof

Alter Koog

Morsumkoog

Nordstrand

Wadden Sea
World Heritage

Naturschutzgebiet
Nordfriesisches
Wattenmeer

Herrendeich

Trendermarschkoog

Neukoog

N

0   1   2 KM

AUF EINEN BLICK

» **Start/Ziel:** Bahnhof Husum
» **Strecke/reine Radelzeit:** 46,5 km, 4 Std. (Rundtour)
» **Höhenmeter:** ↗ 15 m ↘ 14 m
» **Wegbeschaffenheit:** Asphaltierte Radwege oder kleinere Straßen.
» **Beste Zeit:** Ganzjährig je nach Wetterlage.
» **Mitnehmen:** Fernglas, Badesachen (siehe Gezeitenkalender).

Feddersburg
Klein Ellerbüll
Groß Ellerbüll
Hattstedtermarsch
Lundenberg
Herstum
Sterdebüll

Arlau
B 5
Jelstro

WO DIE INSEL ANS FESTLAND ANGEDOCKT HAT

Hattstedt
Wobbenbüll

HALEBÜLL

Seebrücke Schobüll **1**
SCHOBÜLL
Wobbenbüllfeld
Hattstedtfeld

5 Magisterhof

Hockensbüllfeld
HÖCKENSBÜLL
LUND

BADESTELLE IN SICHT!

PORRENKOOG
Porrenkoog

Dockkoog **6**
Dockkoog
ALTSTADT

Tuckerboot

Schulwald
NORDHUSUM

SCHAUENDAHL
KIELSBURG
GEWERBEGEBIET OST

B 200
Augsburg

Husum

Schloss vor Husum

OSTERHUSUM
Rosendahl

Husumer Mühlenau
B 201

Dragseth
START & ZIEL Bahnhof Husum
DREIMÜHLEN
B 5
Mildstedter Tannen
RÖDEMIS

DIE RADELPAUSEN

»START
Parkplatz Sieben Flaggen
für Nordstrand

KM 7
1 Töpferei, Süderhafen
Ein Stück Nordfriesland
mitnehmen

KM 12,5
2 Theresienkirche
Was ist eigentlich »altkatholisch«?

KM 15,5
3 Vogelkoje
Über Bäume und Vögel

INSEL-FEELING AN JEDER KURVE

11

Nordstrander Besonderheiten

Seit den 1980er-Jahren ist Nordstrand durch die Eindeichung des Beltringharder Koogs nur noch an drei Seiten von Wasser umgeben und nennt sich Halbinsel. Und doch ticken die Uhren hier anders, ist das Leben langsamer, scheint jeder jeden zu kennen. Wie auf einer echten Insel eben.

KM 16

4 Strand, Fuhlehörn
In den Himmel schaukeln

KM 20

5 Strandcafé Halligblick, Norderhafen
Schöne Aussichten

KM 26

6 Alpakahöfle
Ein bisschen Frieden

KM 31 » ZIEL
Parkplatz Sieben Flaggen
für Nordstrand

DIE VÖGEL SINGEN LAUTER

So der erste Eindruck. Vielleicht liegt es an den weniger befahrenen und meist schmalen Straßen der Halbinsel. Ab und an kreuzt ein Traktor den Weg, vielleicht zwei. Nordstrand ist landwirtschaftlich geprägt. Die Älteren sitzen vor ihren Häusern, bereit für einen Klönschnack oder ein freundliches Lächeln. Und Orte tragen gerne Namen wie Süden oder Westen. So ahnt man gleich, an welcher Stelle der Insel man sich gerade aufhält.

Nordstrand wirkt wie aus einem Guss, mit dem Charme einer Marschinsel erinnert es an Pellworm, mit dem es einst verbunden war. Der Weizen wiegt sich im ewigen Wind wie der Klatschmohn vor den Häusern, die nicht selten auf Binnendeichen wie an einer Schnur hintereinander aufgereiht liegen. Düfte von Kamille und dem in voller Blüte stehenden Holunder werden vom Wind weitergetragen.

GIBT ES ETWAS SCHÖNERES AN EINEM STRAND, ALS IN DEN WEITEN HIMMEL HINEINZUSCHAUKELN?

Die erste Ortschaft auf der Südseite von Nordstrand heißt passenderweise Süderhafen. Neben der historischen Mühle, einem Getreidesilo und dem Seglerhafen tut sich die **Süderhafen-Töpferei** hervor. Schafe und Lämmer grasen friedlich auf der Sonnenseite des Deiches, und vor den Groden schimmert das Meer im Mittagslicht.

Nach einem Abstecher zu der historisch besonderen **Theresienkirche** geht es in Richtung Strucklahnungshörn, wo die Fähre nach Pellworm ablegt. Hinter einem Siel erstreckt sich ein großes Auffangbecken. In der ehemaligen **Vogelkoje** kann man heute Baumstudien von Feldahorn bis Stieleiche betreiben. Nun aber ab an den grünen Strand von **Fuhlehörn**! Kann passieren, dass dort ein paar Kindergartenkinder angerannt kommen und einen mit neugierigen Fragen durchlöchern. Wen wundert's, sehen sie doch selten schaukelnde Erwachsene.

Norderhafen zeigt sich mit seinem neuen Klimadeich wie aus dem Ei gepellt. Und von einem der Strandkörbe des **Cafés** reicht der Blick bis Pellworm und Langeneß. Das Meer ist bewegt, der Duft von Waffeln liegt in der Luft. Am Horizont ziehen dramatische Wolken auf. Nordfriesland at its best – und als Überraschung zum Schluss: leibhaftige **Alpakas**!

Ein Krabbenkutter in Süderhafen wartet auf die nächste Fahrt.

In der Engelmühle auf Nordstrand sind Konditor:innen am Werk.

Am Fähranleger kommt immer ein bisschen Fernweh auf.

RADELN & GENIEßEN

» START
Parkplatz Sieben Flaggen für Nordstrand

Gleich links hinterm Deich dem Weg bis Süderhafen folgen.
Dort in die Tegelistraat einbiegen.

KM 7

Töpferei, Süderhafen

Ein Stück Nordfriesland mitnehmen

Töpferwaren, die von der nordfriesischen Landschaft inspiriert sind.

Bereits in den 1980er-Jahren hatte sich eine keramische Werkstatt auf dem Gelände der ehemaligen Ziegelei angesiedelt. Vor 30 Jahren übernahm dann Familie Winkelmann und setzte auf Keramik im Stil unserer Landschaft. Die für die Gegend typischen Farben Blau und Grau dominieren. Im Vordergrund stehen Motive der näheren Umgebung. So sehen Schüsseln, Vasen und Töpfe aus, als wären sie gerade dem Wattenmeer oder der Salzwiese entsprungen. Zu den beliebtesten Motiven zählen die Schafe, alternativ gäbe es Austernfischer, Möwen, Robben und sogar Schweinswale. Zu den nicht figürlichen Serien zählt »Wilder Himmel«, die bauschende Wolken zeigt. Perfekt für alle, die ein Stück Nordfriesland mitnehmen möchten. (www.suederhafentoepferei.de)

Die Tegelistraat zurück- und rechts auf der Evensbüller
Chaussee über Herrendeich nach Süden fahren.

Hier gehen schon lange keine Enten mehr ins Netz.

KM 12,5

2 Theresienkirche

Was ist eigentlich »altkatholisch«?

Nach der gewaltigen Burchardiflut im 17. Jahrhundert kamen Niederländer als Fachleute für Deichbau und Entwässerung ins Land. Viele waren katholisch, und so entstand das Bedürfnis nach einer eigenen Kirche. Der heutige Bau gleich neben dem Gemeindezentrum entstand in den Formen der niederländischen Renaissance. Die kleine, aber feine Theresienkirche ist heute eine der 60 Pfarrgemeinden der altkatholischen Kirche. Diese Gemeinden trennten sich infolge des Ersten Vatikanischen Konzils von Rom, daher »altkatholisch«. Ein Strandkorb in der Nische zwischen Vorbau und Saalbau lädt zu Nordstrander Verweilminuten ein. Rundherum Blumentöpfe, da fühlt man sich fast wie zu Hause.

Über Süden durch Westen und auf der Hörnstraße weiter.

KM 15,5

3 Vogelkoje

Über Bäume und Vögel

Eine Entenmutter zieht mit ihren Küken über Wasser. Rund um die alte Nordstrander Vogelkoje ist ein kleines Naturparadies entstanden. Die Koje wurde 1906 erbaut, doch hier gehen schon lange keine Enten mehr ins Netz. Stattdessen kann man die Ruhe des Alten Koogs genießen, den Vogelstimmen lauschen und sich über neu gepflanzte Bäume informieren. Hand aufs Herz, wer weiß schon, dass die Blätter vom Walnussbaum beim Zerreiben nach Terpentin riechen? Von Mai bis September werden zudem immer mittwochs und sonntags Führungen angeboten. (www.nordstrand.de/vogelkoje)

Ein Stück zurück bis zum Parkplatz von Fuhlehörn. Das Rad abstellen und über den Deich spazieren.

Eine Architektur, die sich an die niederländische Renaissance anlehnt.

KM 16

4 Strand, Fuhlehörn
In den Himmel schaukeln

Klein, aber oho. Familien mit kleinen Kindern schätzen den flach abfallenden Strand von Fuhlehörn, wenn das Wasser da ist. Wattwandernde schätzen die Konsistenz des Bodens, wenn es weg ist. Der weiche Sand unter den Sohlen, das angewärmte Wasser der Pfützen, die das Meer hinterlassen hat. Zum ersten Mal barfuß durchs Watt ist wie zum ersten Mal schwimmen im Jahr, ist wie der erste intensive Duft der See nach dem Winter. Fuhlehörn mit seiner halbrunden Form, seinen Strandkörben, Schaukeln und seinem Kiosk mit Dachmöblierung, Fuhlehörn hat das Zeug zum Lieblingsstrand.

Vorm Deich entlang bis zum Fährhafen Strucklahnungshörn radeln, dann weiter bis Norderhafen.

Alpakas sind besonders, wie sich bei einem gemeinsamen Spaziergang herausstellt.

Pluspunkte sammelt der Strand in Fuhlehörn mit seinen Schaukeln.

KM 20

5 Strandcafé Halligblick, Norderhafen
Schöne Aussichten

Vor dem Bau des Klimadeichs haben die Tische und Stühle des Strandcafés auf der grünen Wiese gestanden. Nun wurde der Boden mit Platten versehen, was allerdings dem Charme der Location kaum Abbruch tut. Seit 30 Jahren führen Monika und Heino Hass den Laden zusammen mit dem Restaurant Zur Nordsee – beides an exponierter Stelle und mit Meerblick. Auch Pellworm und die Hallig Nordstrandischmoor sind auszumachen. Nach dem Speisen könnte man gleich an den Strand gehen oder vorher schon schwimmen, je nach Tide. Krabben, Scholle, Matjes, Friesentorte – alles da für Liebhaber norddeutscher Küche. Und dann die Waffeln! (www.zur-nordsee.de)

Über Holmerfährweg, Ober und Hamburger Deich weiterfahren, dann links auf Elisabeth-Sophien-Koog, rechts den Jebeweg.

KM 26

6 Alpakahöfle
Ein bisschen Frieden

Wenn elf Alpakas sich summend unterhalten, ist das schon ein besonders Erlebnis. Im Hintergrund des Nordstrander Alpakahöfles auf dem Jebeweg vermischt sich das Gequieke von Meerschweinchen mit den Alpakalauten, wodurch sich ein komplexer Sound ergibt. Da man freitags und samstags nach Absprache kleine Runden mit den Alpakas drehen kann, lohnt es sich, den Ausflug auf die Halbinsel auf einen der beiden Tage zu verlegen. Diana Braam, Hüterin des flauschigen Trupps, erzählt auch gerne alles über das Scheren und Verspinnen der Wolle. Wer will, kann bei den Alpakas picknicken. Beste Entspannung nach der Tour! (alpakahöfle.de)

Weiter den Jebeweg entlang und über die Pohnshalligkoog-straße zurück zum Ausgangspunkt.

EXTRA INFOS:

Im reetgedeckten ● **Pharisäerhof** aus dem 18. Jahrhundert genießt man Herzhaftes wie Torten oder das wieder neu aufgelegte Muku-Eis, das über die Grenzen Nordfrieslands hinaus bekannt ist. Im angeschlossenen Hotel sind Hunde gern gesehene Gäste. (pharisaeerhof.de)

Die Halbinsel ist bekannt für ihre Keramik. Als Urgestein mit großem Angebot gilt die ● **Nordstrander Töpferei** nebst Teestuv in Süden. (nordstrander-toepferei.de)

KM 31 » ZIEL
Parkplatz Sieben Flaggen für Nordstrand

Auf dem neuen Klimadeich sitzen und die Aussicht genießen.

WO DIE SONNENBLUMEN BLÜHEN

Oben

Elisabeth-Sophien-Koog

Osterkoog

Pharisäerhof

Strandcafé Halligblick **5**

MEERBLICK INKLUSIVE

Thormählenhof

Alter Koog

3 Vogelkoje

Fuhlehörn **4**

Nordstrander
Töpferei & Teestuv

Nordstrand

2 Theresienkirche

Püttenwarft

Herrendeich

GEGENWIND IST MÖGLICH

Trendermarschkoog

Neukoog

N

Ø   1   2 KM

Beltringharder
Koog

Parkplatz Sieben Flaggen für Nordstrand
START & ZIEL

Morsumkoog

Pohnshalligkoog

VORSICHT, SÜSSE SCHAFE!

6 Alpakahöfle

Morsumkoog

Naturschutzgebiet
Nordfriesisches
Wattenmeer

Süderhafen Töpferei

1

AUF EINEN BLICK

» **Start/Ziel:** Parkplatz Sieben Flaggen für Nordstrand (Der nächste Bahnhof ist 10 km entfernt in Husum.)

» **Strecke/reine Radelzeit:** 31 km, 2 Std. 30 (Rundtour)

» **Höhenmeter:** ↗ 10 m ↘ 9 m

» **Wegbeschaffenheit:** Asphaltierte Radwege und Nebenstraßen.

» **Beste Zeit:** Von April bis Oktober.

» **Mitnehmen:** Packtasche für Töpferwaren, Badesachen je nach Wetter.

DIE RADELPAUSEN

>>START
Tiefwasseranleger Pellworm

KM 3
1 Hafen Tammensiel
Kutter gucken

KM 11
2 Nordermühle
In alten Zeiten schwelgen

KM 15
4 Badestelle Hooger Fähre
Schwimmen oder das Watt erforschen

UNTER DEM 12 MEERES-SPIEGEL

Im Zickzack über die Insel Pellworm

Ein bisschen Frieden zwischen grünen Wiesen, lütten Häusern und graublauem Meer, das an windstillen Tagen grünlich leuchtet. Sonntagsruhe, jeden Tag. Als wären die Uhren stehen geblieben. Pellworm, die Marschinsel, eingezäunt vom Außendeich. Pellworm, die Badewanne, hoffentlich läuft sie nie voll.

KM 18
Alte Kirche St. Salvator
4 Folge den Tauben!

KM 20,5
Rungholt-Museum
5 Beim Hobbyarchäologen

KM 25
Leuchtturm
6 Kleine Abkühlung

KM 28,5 » ZIEL
Tiefwasseranleger Pellworm

AUF PELLWORM GRÜßT MAN SICH ...

... am besten mit »Moin«. Schmale Straßen und Wege überall, nur selten ist ein Auto unterwegs, ein Mensch auf der Straße. Nur im **Hafen** ist was los, wenn die Kutter von ihrer Tour zurückkommen. Der Inselbus fährt mit Inselstrom, und wo dieser herkommt, lässt sich im Nordosten von Pellworm sehen: Sechs Windräder drehen sich sachte und unablässig.

Der Strand liegt gleich hinterm Deich, egal, ob Wasser da ist oder nicht. Stare schwirren durch die Gegend, im Watt streiten sich ein paar Austernfischer. Ein paar Strandkörbe, eingezäunt, damit die Schafe draußen bleiben. Denn Schafe gibt es einige auf der Insel, etwa dreimal so viel wie menschliche Einwohner. Man trifft sie überall, auf den Außen- und Mitteldeichen, den Radwegen, überall rupfen sie Gras. So gilt die Vorfahrtsregel »sheep first«, und es lohnt sich, mal anzuhalten, beispielsweise an der **Nordermühle**.

NEUGIERIG INSPIZIERT EIN KLEINES LAMM DAS VORDERRAD

Hühnerpalaver bei der Ankunft am Fahrradparkplatz der **Hooger Fähre**. Gäste liegen in der Sonne vorm Deich, hier passiert gerade nichts. Und doch handelt es sich um die vielleicht schönste Badestelle der Insel. In der Ferne Hallig Hooge, das Meer glatt wie ein Spiegel.

Ein Stück weiter: Zwei Hasen jagen sich über die Wiese, ein Kiebitz schaut fragend drein. Wie ein uralter, knorriger Baumstamm ragt der Turm der **Alten Kirche** in die Höhe. Als Ruine ein Relikt wilder, stürmischer Zeiten, heute als Nistplatz unter Vögeln beliebt. Es ist ein Kommen und Gehen auf dem Landeplatz in luftiger Höhe. Ganz in der Nähe sorgt das **Rungholt-Museum** für historische Bildung.

Am rot-weißen **Leuchtturm** platzt der Kiosk Lighthouse Inn aus allen Nähten. Es duftet nach Pommes und Currywurst. Zeit für ein Eis im Schatten. Einer kommt mit einem Oldtimer-Trecker an, auch ihn gelüstet es nach Eis. An der Badestelle beim nahen Hundestrand kann man das Watt schmatzen hören. Immer noch Ebbe. Der Weg teils versandet, das Meer war mal hier, es hat Spuren hinterlassen. Ein Austernfischer kreuzt von der Wasserkante zur Wiese, laufend. Da muss der Radelnde halt abbremsen. Auf Pellworm ticken die Uhren anders.

So kann eine Kirche aussehen: Sankt Petrus auf Pellworm.

Schafe haben Vorrang auf der Insel im Wattenmeer.

Die schönste Anfahrt geht immer übers Wasser.

RADELN & GENIEßEN

›› START

Tiefwasseranleger Pellworm

Dem Radweg nach Tammensiel folgen.

KM 3

①

Hafen Tammensiel

Kutter gucken

Im Hafen von Tammensiel sind traditionell diverse Kutter zu Hause.

Die Fangsaison für Krabben dauert etwa von Mitte März bis Mitte Dezember. Mit etwas Glück liegt das eine oder andere Schiff im Hafen, stapeln sich die Transportboxen am Kai, warten Netze und Taue auf die nächste Tour. Meist ruhen sich die Fischer von freitags bis sonntagmorgens aus. Manchmal ist einer der letzten sieben anwesend und freut sich über interessierte Blicke: Wie läuft es mit den Krabben? Einfach ist und war der Job nämlich nie. Offizielle Termine mit den Fischern stehen während der Saison im Veranstaltungskalender der Insel (www.pellworm.de), man freut sich über Fragen zu Krabben und Meer. Im Übrigen heißt es: ankommen, Kutter gucken, die maritime Atmosphäre aufsaugen.

Vor oder hinter dem Außendeich in nordöstlicher Richtung radeln, hinter der Vogelkoje links über Norderhaffdeich bis zur Mühle.

Die Nordermühle, ein Galerieholländer aus dem 18. Jahrhundert, konnte bewahrt werden.

An der Badestelle Hooger Fähre lässt sich die Ruhe genießen.

KM 15

4 Badestelle Hooger Fähre
Schwimmen oder das Watt erforschen

Selbst ohne anwesende Nordsee lässt sich die Zeit vor dem Anleger der alten Hooger Fähre genießen. Heute starten hier Ausflugstouren mit einem Schipperboot der Gebrüder Hellmann nach Norderoogsand. Familien, Freunde, Paare und einzelne Sonnenanbeter:innen liegen, sitzen oder lümmeln sich in Strandkörben und auf dem Gras, Blickrichtung Halligen. Das Watt am Strand ist sandig, daher kann man bei Ebbe bequem über den Meeresboden spazieren und schauen, was dort gerade so passiert. Gibt es Haufen aus Sand, die auf die Existenz von Wattwürmern hinweisen? Herz- oder Miesmuscheln? Winzige Wattschnecken? Wer nicht zum Forschenden wird, macht es sich mit einem Buch gemütlich, ab und zu aufschauend, den Ausblick und die gute Luft genießend.

Hooger Fähre wird ein Stück später zu Parlament. Rechts geht es weiter auf Alter Kirchenweg.

KM 11

2 Nordermühle
In alten Zeiten schwelgen

So sah das einmal aus, als die Kraft des Windes nicht zur Energiegewinnung, sondern zum Mahlen von Korn genutzt wurde. Manche Mühlen dienten auch als Pumpen zur Entwässerung des Flachlandes. Die Nordermühle wurde im 17. Jahrhundert aus Holz errichtet, damals gab es 14 davon auf Pellworm. Der heutige, sogenannte Galerieholländer ist im 18. Jahrhundert nach einem Brand errichtet worden, seine Flügel durften sich bis 1965 im Wind drehen. Nun beherbergt die Nordermühle Feriengäste, die aus ihren Wohnungen aufs Meer und die Insel schauen und je nach Wetterlage den Sonnenuntergang genießen können.

Über Waldhusen und Hooger Fähre kommt man zur Badestelle.

129

Die Ruine des alten Turms hinten gilt als ein Wahrzeichen von Pellworm.

KM 20,5

 5

Rungholt-Museum
Beim Hobbyarchäologen

Der ehemalige Fischer und Küstenschützer Hellmut Bahnsen hat seit den 1970er-Jahren fleißig gesammelt: Rund um Pellworm ist das Watt voll von Kulturspuren der bei Sturmflut untergegangenen Siedlungen. Fundstücke wie Tonscherben, Krüge und Knochen hat Bahnsen nach den Fundorten im Watt vor der Alten Kirche, in Buphever und Waldhusen sortiert. Was auf den ersten Blick wie ein wildes Sammelsurium wirkt, hat seine Ordnung. Und die erklärt der Geschichtsbegeisterte den Besucher:innen seines kleinen Museums in Westerschütting gerne. (www.lust-auf-nordstrand.de)

Von Osterschütting rechts in den Untjehörnweg abbiegen und am Ende links den Deich entlangtradeln.

KM 18

4

Alte Kirche St. Salvator
Folge den Tauben!

Wie eine skurrile Skulptur aus Backstein ragt der 26 Meter hohe Turm der Alten Kirche empor. Ein Relikt ferner Zeiten, das als Seezeichen genutzt wurde, nachdem der Turm im Jahre 1611 halb eingestürzt war. Grund dafür war das mangelhafte Fundament. Etwas später, 1634, nagte eine schwere Sturmflut an der Alten Kirche, die sogar die Landschaft veränderte. Aus der damaligen Insel Strand entstanden Pellworm, Nordstrand sowie die Hallig Nordstrandischmoor. Der Turm steht immer noch als Ruine da, hat losgelöst vom Kirchenschiff die Jahrhunderte überdauert. Doch statt als Seezeichen dient er heute als Brutstätte: In seine zahlreichen Nischen zieht es Tauben und ein paar Turmfalken.

Über den Klostermitteldeich und Osterschütting geht es weiter.

Das Rungholt-Museum, eine private Sammlung im Einfamilienhaus.

Hellmut Bahnsen hat fleißig Kulturspuren gesammelt.

EXTRA INFOS:

Einen Ausflug mit der MS Gebrüder ab Hooger Fähre zum ● **Norderoogsand** machen, einem der Außensände im nordfriesischen Wattenmeer, Schutzzone 1. Schwer beliebt und nicht zu reservieren. Am besten, man ist sehr zeitig am Anleger. (www.pellworm.de)

Pellworm wurde von der International Dark-Sky Association offiziell als ● **Sterneninsel** qualifiziert. Wer also dort übernachtet, hat bei passendem Wetter beste Aussichten auf ein glitzerndes Firmament.

KM 28,5 » ZIEL
Tiefwasseranleger Pellworm

KM 25

Leuchtturm
6 Kleine Abkühlung

Neben der Nordermühle und der Alten Kirche zählt der Leuchtturm aus dem Jahr 1907 zu den drei Orientierungspunkten auf der Insel. Bei einer Führung geht es 158 Stufen hinauf zur Aussichtsplattform in luftigen 37 Metern Höhe. Natürlich ist der rot-weiß Gestreifte auch von unten hübsch anzusehen, und im Kiosk Lighthouse Inn lässt es sich bei Currywurst, Pommes und anderen Klassikern oder einem Eis gemütlich pausieren. Fast alle sind mit dem Rad hier. Ein freundlicher Empfang durch die Inhaberin ist garantiert!

Vor dem Deich in Richtung Tammensiel und rechts zum Tiefwasseranleger abbiegen.

Orientierungspunkt und ein weiteres Wahrzeichen von Pellworm: der Leuchtturm.

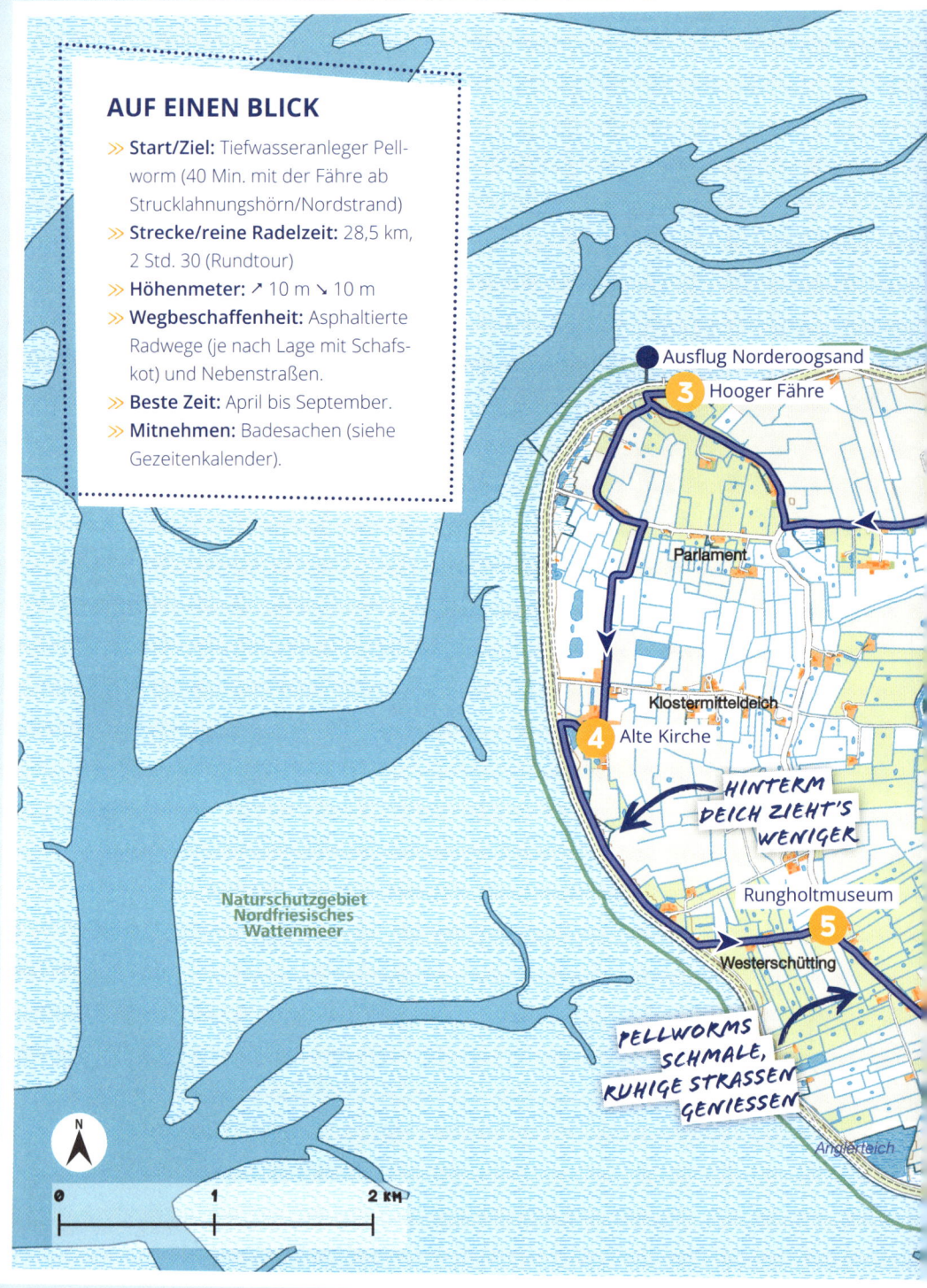

AUF EINEN BLICK

» **Start/Ziel:** Tiefwasseranleger Pell-
   worm (40 Min. mit der Fähre ab
   Strucklahnungshörn/Nordstrand)
» **Strecke/reine Radelzeit:** 28,5 km,
   2 Std. 30 (Rundtour)
» **Höhenmeter:** ↗ 10 m ↘ 10 m
» **Wegbeschaffenheit:** Asphaltierte
   Radwege (je nach Lage mit Schafs-
   kot) und Nebenstraßen.
» **Beste Zeit:** April bis September.
» **Mitnehmen:** Badesachen (siehe
   Gezeitenkalender).

Ausflug Norderoogsand

3 Hooger Fähre

Parlament

Klostermitteldeich

4 Alte Kirche

*HINTERM
DEICH ZIEHT'S
WENIGER*

Naturschutzgebiet
Nordfriesisches
Wattenmeer

Rungholtmuseum

5

Westerschütting

*PELLWORMS
SCHMALE,
RUHIGE STRASSEN
GENIESSEN*

Angelteich

N

0   1   2 KM

GEGENWIND MÖGLICH!

Bupheverkoog

Sterneninsel Pellworm

2 Nordermühle

Nordermitteldeich

Vogelkoje
Pellworm

Waldhusen

BLICK AUF DIE
WINDRÄDER DER INSEL

Tammensiel

Hafen Tammensiel **1**

Seegarden

Junkersmitteldeich

Tilli

Südermitteldeich

Pellworm - Gröde

START & ZIEL
Tiefwasseranleger

Nordstrand - Pellworm

Leuchtturm **6**

Norderhever

DIE RADELPAUSEN

»START
Bahnhof Friedrichstadt

KM 6,5
1 Bauernglocke, Seeth
Die stille Glocke

KM 11,5
2 Treenebad Schwabstedt
Ein Schwimmbad-Eis

KM 19
3 Siemsens Fischpavillon, Stapel
Matjes im Strandkorb

STAPEL-HOLMER IDYLLE

43

Vom Holländerstädtchen Friedrichstadt ins Hinterland

Süßwasser ist Trumpf: Zwischen Treene und Eider liegt Friedrichstadt, und alle lieben es für seine Grachten. Von Schwabstedt über Stapel nach Drage zeigen die beiden Flüsse immer wieder ihr Gesicht und laden zum Baden oder zu stillen Momenten in der Natur ein.

KM 36,5

5 Bootstour, Friedrichstadt
Perspektivwechsel

KM 29

4 Naturbadestelle, Drage
Allein am Strand

KM 37,5 » ZIEL
Bahnhof Friedrichstadt

EIGENTLICH IST FRIEDRICH- STADT ...

 ... zu schön, um es gleich wieder zu verlassen. An Sommertagen wie diesen glänzt es geradezu in der Sonne, blühen die Rosen vor den Fassaden. Die alten Giebel und Grachten versetzen in eine andere Zeit, an einen anderen Ort. Sachte tritt man in die Pedale, es ruckelt über dem Kopfsteinpflaster. So fährt man in dem Wissen, dass es wartet, das hübsche Holländerstädtchen. Und genießt seine baumbestandenen Straßen beim Hinausfahren. Der Schatten tut gut. Seeth liegt nicht weit entfernt, und doch scheinen die Uhren hier langsamer zu ticken und die Menschen aufmerksamer zu sein. Der Hobbyimker etwa, der zufällig vorbeikommt und über die Bienen aufklärt, mitten im Städtchen ein Schaukasten. Noch ein Blick auf die alte **Bauernglocke**, Zeichen einer selbstbewussten Bauernschaft, und ab nach Schwabstedt.

WEISSE FALTER SCHWIRREN UMHER, BAUSCHIGE POLLEN DER ACKER- KRATZDISTEL SCHAUKELN IM WIND

Der Mais steht hoch, zur Rechten eine Schwanenfamilie, frisch aus dem Graben entstiegen und in die Morgentoilette vertieft. Sonnenblumen neigen ihre Köpfe aus einem Blumenfeld dem Licht entgegen. Auf der Brücke über dem Fluss ist das **Treenebad** schon zu sehen. Mit der Treene zur Linken kann man sich im Stapelholmer Land verlieren. Versteckt liegt eine Kanueinsatzstelle, die man über den Deich erreicht. Wobei die dort grasenden Schafe eher überrascht wirken über den Besuch.

Man fühlt sich wie der einzige Mensch weit und breit. Kein Auto, kein Traktor kommt ums Eck. Die reine Ruhe in der ländlichen Idylle. Da tauchen drei Ponys mit Reiterinnen auf, welche ebenfalls äußerst zufrieden wirken.

Schon bevor man Norderstapel erreicht, ist das Storchennest auszumachen. Der Magen knurrt ein wenig, es wird Zeit für eine Einkehr, am liebsten mit typischer Küche. Bei Siemsens **Fischpavillon** ist bereits eine Radgruppe eingetroffen und sitzt im Halbschatten auf der Terrasse. Zwischen Stapel und Seeth wirkt der schattige Radweg wie eine Wohltat. Bleibt noch? Bei **Drage** in der Eider zu baden und in **Friedrichstadt** über die Grachten zu paddeln.

Wo die Störche zu Hause sind: Norderstapel.

Niederländische Formen dominieren im schönen Friedrichstadt.

Der Weg führt in die Idylle entlang der Treene.

RADELN & GENIEßEN

>>START

Bahnhof Friedrichstadt

Über die Blaue Brücke und durch die City, dann auf der Schleswiger Straße zum Radweg der Friedrichstädter Chaussee/B 202.

KM 6,5

1

Bauernglocke, Seeth

Die stille Glocke

Vor dem Dorfgemeinschaftshaus ist sie zu finden, eine typische Stapelholmer Bauernglocke. »Anno 1687« steht in großen Lettern über dem aus einer Astgabel bestehenden Gestell, das ist auch etwas kleiner auf der Glocke zu lesen. Außerdem steht ein Name über dem Datum, ein gewisser Hans Volkerts soll sie hergestellt haben. Um das lesen zu können, braucht es dann schon ein Fernglas oder ein Teleobjektiv an der Kamera. Sie ist die älteste ihrer Art in der Gegend. Einst alarmierte man die Bevölkerung per Glocke wie heute durch die Sirenen, wenn es brannte oder der Gemeinde ein Deichbruch drohte. Die Glocken erklangen aber auch bei Geburten, Hochzeiten oder Beerdigungen. Nur der Bauernvogt oder eine von der Gemeinde bestimmte Person durfte sie läuten.

Links neben der L 38 geht es bequem über landwirtschaftliche Wege nach Schwabstedt. Den Schildern folgen.

Was heute die Sirenen tun, wurde im Stapelholmer Land per Glocke ausgeführt.

Schöner schwimmen und stehpaddeln im Treenebad.

KM 11,5

2 Treenebad Schwabstedt
Ein Schwimmbad-Eis

Von der Brücke über dem Fluss ist der Treene-park schon zu sehen. Kinder und Erwachsene tummeln sich im Wasser, dennoch ist es nicht sonderlich voll. Jemand versucht, auf einem Board im Stehen zu paddeln, traut sich jedoch nicht weit weg vom Park. Wer nicht ins Schwimm-bad gehen will, lässt sich auf der Terrasse des kleinen Lokals nieder, wo die Einheimischen sich frisch frittierte Pommes als kleines Mittagessen gönnen. Bei dem warmen Wetter ist der Hunger nicht groß, doch die Freude darüber, dass es Softeis am Kiosk gibt, schon. Und etwas zu trin-ken. Später kann man immer noch baden. Und essen.

Zurück über die Brücke, links den ersten Weg nehmen und immer die Treene entlangfahren bis zum Schild nach Norderstapel.

Auf ein leckeres Fischbrötchen bei Siemsens in Stapel.

KM 19

3 Siemsens Fischpavillon, Stapel
Matjes im Strandkorb

Die Stapelholmer Aalräucherei blickt auf 35 Be-triebsjahre zurück. Man kann ein Fischbrötchen mitnehmen und beim nächsten Stopp an der Eider picknicken. Oder sich am besten gleich da-mit befassen, da der Magen inzwischen doch ziemlich knurrt. Die Auswahl für alle, die Fisch mögen, ist groß und reicht vom Stremellachs über Matjes, Makrelen, Rauchforelle bis zum Räucheraal. Am Nebentisch auf der Terrasse werden große Teller mit warmen Fischgerichten verzehrt, was bei geringeren Temperaturen viel-leicht eine Option wäre. (www.aal-siemsen.de)

Auf Bahnhof- und Dorfstraße durch den Ort cruisen, auf der Mühlenstraße wieder hinaus und links über den Rad-weg durch die Krelauer Heide, vorbei am Kasernengelände. Links nach Op de Geest bis Drage und über Delje Koog an die Eider.

Auf ein erfrischendes Bad in der Eider!

KM 29

4 Naturbadestelle, Drage
Allein am Strand

Trotz des warmen Wetters wirkt die Badestelle verlassen. Kein Kanu in Sicht, handelt es sich bei der Naturstrand doch auch um eine Kanueinsatzstelle für Touren auf der Eider. Niemand auf dem Steg, und auch gähnende Leere auf der Bank am winzigen Sandstrand. Während der Sommerferien sieht es hier gewiss anders aus. Nun hat man also die ganze Idylle für sich allein. Das Schilf leuchtet in der Sonne grün. Wie man lesen kann, wird die Wasserqualität der Badestelle regelmäßig überprüft. Also nichts wie raus aus den Klamotten und rein ins etwas kühlere Nass!

Auf halbem Weg zwischen Badestelle und Drage links abbiegen und parallel zur Eider zurück nach Friedrichstadt fahren.

Den kleinen Strand von Drage hat man mit etwas Glück für sich.

EXTRA INFOS:

Boote schippern vorbei, von der Brücke schauen Neugierige hinab. In der ● **Kajüte 1876** kommen Tapas und diverse Flammkuchen auf die Teller, oder man trifft sich auf ein Glas Wein. Der Grachtengarten steht den Leuten sogar offen, wenn die Küche geschlossen ist. (www.kajuete1876.de)

Wer mehr Zeit hat, sollte bei Schwabstedt in die Natur abtauchen und bei einem Spaziergang durchs ● **Wilde Moor** bei Vogelgezwitscher eine Portion Erdgeschichte erfahren.

KM 36,5

5 Bootstour, Friedrichstadt
Perspektivwechsel

KM 37,5 » ZIEL
Bahnhof Friedrichstadt

Friedrichstadt liegt am Zusammenfluss von Treene und Eider, was zu einer Art Umarmung der City durch Wasser führt. Und dann sind da noch die Kanäle, was an den im 17. Jahrhundert eingewanderten Niederländern liegt. Sie erschufen die neue Heimat nach ihrem Gusto mit Grachten und Giebelhäusern. Und heute lieben es alle, durch die Gassen zu flanieren – oder Friedrichstadt vom Wasser aus zu erleben. Entweder nimmt man in einem der breiten Boote Platz und lässt sich vom Kapitän regionalgeschichtlich aufklären. Oder man entscheidet sich für eine individuelle Tour, etwa mit einem Elektro- oder Tretboot oder Kanu. Rechts und links hübsche Häuser und Gärten, Bootsstege und bisweilen Leute, die von Brücken winken. Ein Angler an einem schattigen Plätzchen oder jemand, der auf einem SUP-Board ein Buch liest. (www.kanu-kunterbunt.de)

Auf der Ostermarkstraße durchs Städtchen und zurück über die Blaue Brücke.

Und zum Abschluss mit dem Bötchen über die Grachten schippern.

AUF EINEN BLICK

» **Start/Ziel:** Bahnhof Friedrichstadt
» **Strecke/reine Radelzeit:** 37,5 km, 3 Std. (Rundtour)
» **Höhenmeter:** ↗ 16 m ↘ 16 m
» **Wegbeschaffenheit:** Asphaltierte Radwege und Nebenstraßen, nahe Treene und Eider teilweise Kieswege.
» **Beste Zeit:** Von April bis Ende Oktober.
» **Mitnehmen:** Packtasche (für ein Souvenir aus Friedrichstadt), Fernglas, Badesachen.

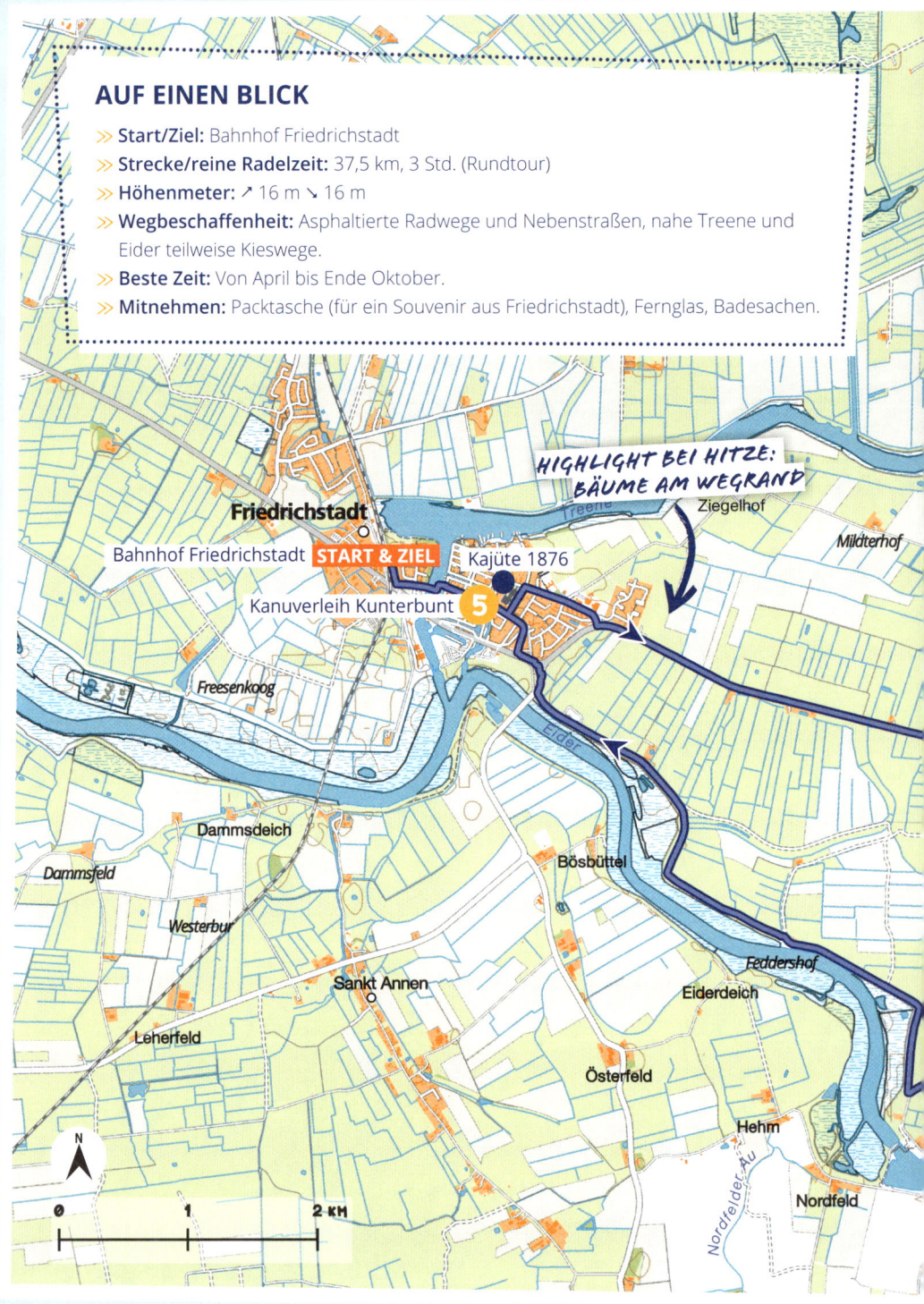

HIGHLIGHT BEI HITZE: BÄUME AM WEGRAND

Friedrichstadt

Bahnhof Friedrichstadt **START & ZIEL** Kajüte 1876

Kanuverleih Kunterbunt **5**

Ziegelhof

Mildterhof

Treene

Eider

Freesenkoog

Dammsdeich

Dammsfeld

Bösbüttel

Westerbur

Feddershof

Sankt Annen

Eiderdeich

Leherfeld

Österfeld

Hehm

Nordfelder Au

Nordfeld

N

0   1   2 KM

NSG Wildes
Moor bei Schwabstedt

Lehmsiek

Wildes Moor Schwabstedt

Hollbüllhuus

Ramstedt

Schwabstedt

Fresendelf

2 Treenebad, Schwabstedt

Hude

*NUR DAS BLÖKEN
DER LÄMMER
AM FLUSS*

Deesch

Süderhöft

Treene

Mildterkoog

*HERRLICH
RUHIGER RADWEG*

*SCHATTENSPENDENDE
BAUMALLEE*

Seeth

1 Bauernglocke, Seeth

Siemsens Fischpavillon **3**

B 202

Stapel

Twieberge ▲
28

Drage

Eider

Delverort

4 Naturbadestelle Drage

Delver Koog

DIE RADELPAUSEN

>>START
Bahnhof Sankt Peter-Ording Süd

KM 3
1 Leuchtturm Böhl
Sonne tanken

KM 7,5
2 Seebrücke
Der Balkon von Sankt Peter-Ording

KM 13
3 Beobachtungshütte
Meeting mit Vögeln

SALZ-WIESEN UND SANDWÜSTE

14

Im Westen der Halbinsel Eiderstedt

Zwischen Sankt Peter-Ording und Tating ist nicht alles Deich, was grün ist. Mit einem wilden Mix aus Natur- und Kulturlandschaft weiß die Gegend zu überraschen. Immer wieder. Neben Sand und Meer bezirzen Dünen, Salzwiesen, Priele, Sielzüge und sogar ein Stück Wald die Radelnden.

KM 17
4 Tümlauer Hafen
Oase der Ruhe

KM 19
5 Landcafé éclair
Pause im Apfelgarten

KM 27
6 Leuchtturm Westerheversand
Im Namen des Lichts

KM 38 » ZIEL
Bahnhof Tating

VON LEUCHTTURM ZU LEUCHTTURM

Eine kulturelle Errungenschaft namens »Fahrradstraße« verbindet den Ortsteil Dorf und den **Böhler Leuchtturm**. Ein kleines Waldstück noch, wo die Vögel jubeln und ein süßlicher Duft die Luft erfüllt. Es muss der Weißdorn sein, der gerade üppig blüht. Heckenrosen setzen farbliche Akzente. Dann erstreckt sich die Sandbank vor einem, einst der Fluch, heute der Schatz der Sankt Peteraner.

Funkelnagelneu und luftig gebaut ragt das Erlebnis-Hus für Groß und Klein an der Strandpromenade in die Höhe. Eine Brücke mündet in einer Art Ausguck zu den Salzwiesen. Das Rad muss also kurz warten. Die Vögel zwitschern munter, der Morgen ist noch frisch. Margeriten, Kornblumen und Klatschmohn blühen am Rand des beliebten Radwegs. Dazwischen Büsche gelbroten Besenginsters und Kriech-Weide mit flauschigen Tupfern.

AUGE IN AUGE MIT DEM AUSTERN-FISCHER AUF DER BEOBACHTUNGS-HÜTTE. WER BEOBACHTET WEN?

Eine Gruppe von Gästen wärmt sich fürs Nordic Walking auf. Der Stinkende Storchschnabel bahnt sich seinen Weg durch die Steine und riecht nach nichts. Der Nordsee-Fitness-Park ist nur für Fußgänger, »Pedalritterinnen und -ritter bitte absteigen«, heißt es da. Vom Geländer bei der **Seebrücke** fliegt eine Schwalbe auf. In den Salzwiesen davor flöten die Watvögel. Wo der Weg sich weitet, wo Spazierende und Radelnde sich treffen, ragen knallgelbe Schwertlilien aus einem Meer von Schilf hervor.

Der Blick schweift bei der Weiterfahrt zur **Beobachtungshütte** bis zu den Dünen. In Ording rüsten sich Strandsegler, um den Wind aufzuspüren. Mit einem weiten Schlenker nach rechts geht es vor dem Teerdeich weiter. Ein Kuckuck ruft, und der Fahrtwind bremst einen sachte aus. Beim Parkplatz heißt es, auf die andere Seite des Deichs zu wechseln, um nicht schieben zu müssen. Vorbei an Friesenwällen und Ferienhäusern bis zur Strandkorbhalle Hungerhamm kommt eine Spur von Hunger auf. Zeit für ein Butterbrot auf einer Bank mit Blick über die Dünen bis zum Meer und zum **Leuchtturm Westerheversand**. Und – man ist ja schließlich zur Erholung da – gleich danach ein Besuch im **Landcafé éclair**. Ein Krabbenkutter ist unterwegs, ein Drachen steigt in die Luft. Ebbe für die Boote im **Tümlauer Hafen**.

Spieglein, Spieglein im Brösum
Sielzug hinterm Deich.

Am Ordinger Strand tummeln sich
die Strandsegler:innen.

Alle Wege führen ans Meer,
auch durch das Wäldchen in Böhl.

RADELN & GENIEßEN

»START
Bahnhof Sankt Peter-Ording Süd

Über Schräggest und Dorfstraße auf die Pestalozzistraße fahren. Rechts auf den Kuhsteig einbiegen.

Ein Austernfischer, der auf der Beobachtungshütte zu beobachten scheint.

Viel Betrieb draußen vorm Böhler Leuchtturm.

KM 3

1 Leuchtturm Böhl
Sonne tanken

Gegenüber anderen, berühmteren Kollegen wirkt der Böhler Leuchtturm fast ein bisschen unscheinbar und zart. Radfahrer:innen und Spaziergänger:innen lieben es gleichermaßen, auf seiner Bank ein paar Minuten in der Sonne zu sitzen. Er stammt aus dem Jahr 1892 und wurde aus rotbraunen Ziegelsteinen gemauert und reicht gut 18 Meter hinauf. Er sollte zunächst als Bake, also als Seezeichen, dienen, die Laterne wurde erst 1914 aufgesetzt. Die Rundbogenfenster nehmen dem Funktionsgebäude die Strenge und lassen es fast wie einen Wohnturm wirken. Eine Besichtigung ist aber nicht möglich.

Rechts auf den Radweg und die Strandpromenade entlangradeln.

Gründächer sind beliebt bei Insekten und Vögeln.

KM 13

③ Beobachtungshütte
Meeting mit Vögeln

Eigentlich ist die Beobachtungshütte auf dem Weg Am Deich dazu angelegt, sich klammheimlich zu verschanzen, um das wilde Leben draußen zu observieren. Doch manchmal ist einem das Glück hold. So etwa, wenn man von ein bis zwei Austernfischern freundlich empfangen wird. Die beiden scheinen sich auf dem begrünten Dach der Hütte wie zu Hause zu fühlen. Drinnen heißt es, erst mal die Situation zu checken und dann das Fernglas zu zücken. Wer treibt sich aktuell an den Teichen herum? Ein paar Säbelschnäbler! Wie elegant die schwarzweißen Tiere mit dem nach oben gebogenen Schnabel wirken. Während des Vogelzugs im Frühjahr und Herbst ist am meisten los. (Für vogelkundliche Führungen: www.schutzstation-wattenmeer.de)

Weiter über den Radweg.

KM 7,5

② Seebrücke
Der Balkon von Sankt Peter-Ording

Rechts und links von der Brücke tummeln sich Watvögel auf den Salzwiesen. In einem Priel, der durch das Grün mäandert, hat sich ein Rotschenkel niedergelassen und nimmt ein ausgiebiges Morgenbad. Ein Hase hoppelt über die sattgrünen Wiesen und verschwindet darin. Himmlische Ruhe am Morgen. Auf der einen Kilometer langen Seebrücke im Ortsteil Bad kommt man nur zu Fuß voran. Wer zum Strand will, hat eine gewisse Strecke hinter sich zu bringen. Doch schon die Buhne, der Vorplatz, ist einen Halt wert. Man stellt das Rad ab, kommt in Bummelstimmung. Flaniert und inhaliert. Die Luft tut unendlich gut, und sie wird intensiver, je näher man der Wasserkante kommt.

Weiter über den Radweg.

Ein bisschen flanieren, ein bisschen meditieren auf der Seebrücke.

Wer will, steigt bei Flut im Tümlauer Hafen ins Wasser.

KM 19

5 Landcafé éclair
Pause im Apfelgarten

Glücklich diejenigen, die einen der begehrten Plätze unter Schatten spendenden Bäumen ergattert haben. Sie verleihen dem Ort einen Charme, der in Kombination mit einem leckeren Stück hausgemachten Kuchens und einer guten Tasse Kaffee zu akutem Wohlbefinden führen kann. Bei Regen sind die Sitzplätze im Innern ausgezählt. Die Kombination aus Deckenbalken, Vintage-Flair und bunten Accessoires strahlt Hygge aus, fast wie im Nachbarland. Für Stimmung sorgt nicht zuletzt die schwungvolle, stets gut gelaunte Kellnerin. Ein Hoch auf die Aprikosentarte! Und auf die warmen Baguettes. Manch einer nimmt sich ein Glas mit selbst gemachtem Chutney mit nach Hause. Beliebt ist auch das Frühstück, falls jemand die Tour andersherum fahren mag. (landcafe-eclair.de)

Die Koogstraße zurückfahren und weiter dem Radweg folgen. Über den Deich zum Leuchtturm.

KM 17

4 Tümlauer Hafen
Oase der Ruhe

Der Halligflieder, auch Meerlavendel genannt, sprießt in Wassernähe, erste zarte lila Blüten sprechen vom Hochsommer. Im Hafen schaukeln Boote und Jachten sachte im Wasser. Einst war der alte Hafen die Anlaufstelle für die Ordinger Fischer. Aus dem Dunst am Horizont erhebt sich der Leuchtturm Westerheversand wie eine Fata Morgana. Ein paar Schafe liegen im Wind, andere grasen. Lämmer kommen neugierig auf einen zu. Der kleine Hafen in der nicht eingedeichten Tümlauer Bucht wirkt wie eine Oase der Ruhe. Wer mag, kann hier sogar eine Runde schwimmen.

Vom Radweg rechts in die Koogstraße abbiegen.

Die Hafenschafe und -lämmer zählen zu den Neugierigen.

Schön im Schatten der Apfelbäume sitzt man im Landcafé éclair.

KM 38 ›› ZIEL
Bahnhof Tating

KM 27

⑥ Leuchtturm Westerheversand
Im Namen des Lichts

Je nach Jahreszeit lädt das Land unterhalb des Leuchtturms zu einem ausgedehnten Vogelkiek ein, denn die Gegend steht bei Zug- und Seevögeln hoch im Kurs. Er ist einer der berühmtesten im Land, ein Bild von einem Leuchtturm. Allein die rot-weißen Bänder machen ihn zum Klassiker. Er steht auf einer Warft und reckt sich 40 Meter in die Höhe, flankiert von den ehemaligen Wärterhäusern. 157 Stufen sind es bis zur Aussichtsplattform. Um einen Blick ins Innere zu werfen, muss man sich vorab für eine Führung anmelden. Das lohnt sich auf jeden Fall! (wester-hever-nordsee.de/leuchtturm/das-wahrzeichen)

Zurück zum Café fahren und über die Koogstraße und die Tatinger Straße im Städtchen ankommen.

Als Bild von einem Leuchtturm gilt Westerheversand.

Neuaugustenkoog

Neu Augustenkoog

Augustenkoog

Lehmick

Schafhaus

Neukrug

Süderheverkoog

Großmedehop

Kleinmedehop

P

Hauptsielzug

SCHÖNE STRECKE AM KANAL ENTLANG

Landcafé eclair

Kleiner Tofinger Koog

Westerhever

P

Sieverbüll

5

Tümlauer Koog

UND IMMER DER LEUCHTTURM VOR AUGEN

Tofthof

Ahndel

4

Otteresing

Stufhusen

P

P

Hafen Tümlauer Koog

Leikenhusen

Tümlauer Bucht

Norderdeich

Leuchtturm Westerheversand

6

Naturschutzgebiet Nordfriesisches Wattenmeer

3

Beobachtungshütte

Ording

AUF EINEN BLICK

>> **Start:** Bahnhof Sankt Peter-Süd

>> **Ziel:** Bahnhof Tating

>> **Strecke/reine Radelzeit:** 38 km, 3 Std. (Streckentour)

>> **Höhenmeter:** ↗ 7 m ↘ 7 m

>> **Wegbeschaffenheit:** Asphaltierte Radwege und Nebenstraßen.

>> **Beste Zeit:** Von März bis Oktober.

>> **Mitnehmen:** Fernglas, eventuell Badesachen und Packtasche.

Hauert

Tating

ZIEL Bahnhof Tating

Klootstockspringen

Hochdorfer Garten & Schweizer Haus

Esing

Osterreck

B 202

Bahnhof St. Peter-Ording Süd

Wittendün

SÜSSES WALDSTÜCK

Leuchtturm, Böhl

Sankt Peter-Böhl

START

1

Sankt Peter-Dorf

Sankt Peter-Bad

Seebrücke

2

BREITER, BELIEBTER RADWEG

2 KM

1

N

DIE RADELPAUSEN

» START
Bahnhaltestelle Harblek

KM 15
2 Café am Theatrium
Kuchen mit Kuhblick

KM 1,5
1 Herrenhaus Hoyerswort
Das Schätzchen

KM 22,5
3 Tetenbüllspieker
Im kleinen Hafen

WO DIE 15 SCHAFE REGIEREN

Im Osten der Halbinsel Eiderstedt

Um genau zu sein, sind es eher die Bauern, die regiert haben. Vor allem galten die Landwirte in den Haubargen der sogenannten Reichen Reihe als wohlhabend. Und auch heute noch ist das Bild der Halbinsel von grasenden Kühen und Schafen, landwirtschaftlich genutzten Wiesen und Äckern bestimmt.

KM 34

Uelvesbüller Wehlen
4 **Süßwasserbaden erlaubt**

KM 36

Roter Haubarg
5 **Landschaftsprägende Architektur**

KM 39

Marienkirche, Witzwort
6 **Filigrane Figuren besichtigen**

KM 41 > ZIEL
Bahnhaltestelle Witzwort

EINE HUMMEL FLIEGT EIN STÜCK ...

 ... neben dem Fahrrad her, dann biegt sie ab. Mutterschafe liegen neben ihren Lämmern in trauter Einheit im Gras, weiter hinten leuchtet der Raps gelb. Die Halbinsel ist flach und auf Marschland gewachsen beziehungsweise durch Eindeichung entstanden. Zuvor zog sich das Meer in Prielen durch zerfasertes Land. Vor dem Bau befestigter Straßen waren die Wege im Winter schwer befahrbar, sodass man Waren über Kanäle beförderte. Siele und Sielzüge wurden zur Wasserregulierung angelegt, wie auch der Westersielzug etwa einen Kilometer hinter Harblek.

So erzählen das Land wie auch die Architektur von alten Zeiten, vom Überleben und Aufatmen. Eiderstedt nennt sich eine Kulturlandschaft, in der jeder Quadratmeter Fläche genutzt wird. Nur für die Zugvögel im Frühjahr und Herbst wurden Kompromisse gemacht.

IM KLEINEN HAFEN STEHEN ALLE BOOTE AUFRECHT IM SCHLICK, DAS WASSER NUR MEHR EIN RINNSAL

Auch das **Herrenhaus Hoyerswort**, einst noble Herberge des Stallers von Eiderstedt, der den Herzog vertrat, gibt Zeugnis von der Bedeutung der Halbinsel. Ein Stück hinter Oldenswort radelt man am Wasser entlang, das sich Norderbootfahrt nennt. Ein Kanal aus dem 17. Jahrhundert, der beim wirtschaftlichen Aufschwung der Halbinsel eine wichtige Rolle spielte. Zugewanderte Niederländer und der Hoyersworter Staller entwarfen das Konzept.

Tetenbüll, eines der hübschen Dörfer, ist wie gemacht für eine kulinarische Pause im **Café am Theatrium** und eine Besichtigung des kleinen **Hafens**. Der nächste Ort heißt Wasserkoog und lag einmal am Meer. Die Älteren erzählen, dass man hier früher vom Deich ins Wasser springen konnte. Oberhalb des Siels weitet sich das Land, schweift der Blick über die Felder, die Sielgewässer bis zum Außendeich. Weite Wattflächen dehnen sich aus, die nach Meer duften. Der Wind frischt auf, vor dem Deich weht er frontal und macht jeden Tritt zum Kraftakt.

In **Uelvesbüll** erzählen die Wehlen von einer Sturmflut, die Löcher in den Boden riss. Auch hier darf im Sommer gebadet werden, allerdings in Süßwasser. Unweit von den Wehlen entfernt ragt das wohl bekannteste Gebäude von Eiderstedt auf, der **Rote Haubarg**. Und zum krönenden Abschluss geht es in die **Witzworter Marienkirche**.

RADELN & GENIEßEN

»START
Bahnhaltestelle Harblek

Von Harblek in die Kotzenbüller Straße einbiegen.

Wenn die Rosen blühen in Tetenbüll.

KM 1,5

Herrenhaus Hoyerswort
① Das Schätzchen

Ein Ort mit Geschichte
auf der Halbinsel Eiderstedt:
das Herrenhaus Hoyerswort.

Ein Stück Eiderstedter Geschichte steckt in dem alten Gemäuer, das im 16. Jahrhundert im Stil der Renaissance erbaut wurde. Es steht unter Denkmalschutz und gilt als für die Gegend einzigartiges, elegantes Bauwerk. Der zweigeschossige weiß getünchte Backsteinbau mit Satteldach hat große Fensteröffnungen, zwei geschwungene Giebel und einen eingefügten polygonalen Turm. Im Innern ein Café mit Shop und ein Museum. Der reetgedeckte Haubarg daneben diente einst als Scheune, heute wird man in der Brasserie mit französischen Gerichten verwöhnt. Links führt ein schmaler Weg in den Skulpturengarten. (hoyerswort.de)

Ein Stück zurück und über die Harbleker Chaussee nach Oldenswort fahren. Links über die Dorfstraße und Hochbrücksiel, dann links auf den Westeroffenbülldeich. Der Richtung über Kleihörn und Bootführerdeich folgen, rechts auf die Katharinenheerder Landstraße abbiegen.

KM 15

2 Café am Theatrium
Kuchen mit Kuhblick

Ein beliebter Treffpunkt für Einheimische und Gäste, manchmal auch zu Veranstaltungen und privaten Feiern, eine Institution in der Gegend. Draußen Strandkörbe und Sitzecken, der Blick fällt über die Straße auf die Kuhweide. Innen altmodische Details und eine Atmosphäre wie in Omas Wohnzimmer. Inke Thun backt leckere Torten wie die Stachelbeer-Trümmer, und für die Herzhaften gibt es wechselnde Suppen. (cafe-theatrium.tetenbuell.com)

Auf der Sieversflether Straße immer nördlich halten bis zum Außendeich.

KM 22,5

3 Tetenbüllspieker
Im kleinen Hafen

Von April bis in den Herbst liegen am Holzsteg die Boote und kleinen Hobbykutter, die bei Ebbe flachfallen. Eine Grünfläche gegenüber dient als provisorischer Strand, schwimmen ist bis zu zwei Stunden vor und nach Hochwasser möglich. Da kann es in den Sommerferien auch schon mal voller werden, wenn die Temperaturen stimmen. Bisweilen rücken die Leute mit SUP-Boards und Ähnlichem an. Ein Segelboot zieht durch die Fahrrinne, vorbei an den Schwimmer:innen, die es bis zur nächsten oder übernächsten Pricke zieht. (Für Landratten: Eine Pricke ist eine Stange oder ein Zweigbüschel, welche(s) ein flaches Fahrwasser kennzeichnet.) Im Winter hingegen wirkt der Ort fast verwaist. Das ist die Zeit, zu der sich gerne zwei bis drei Seehunde im Hafen sehen lassen.

Vor dem Deich radeln, dann auf Kaltenhörner Deich wechseln und einen Schlenker über Norderfriedrichskoog radeln, um die L 310 zu vermeiden, unter Einheimischen auch als Deichautobahn bekannt. Auf Barneckemoor nach Üelvesbüll.

Und nun auf ein Stück hausgemachte Torte ins Café am Theatrium.

KM 34

Uelvesbüller Wehlen

④ ### Süßwasserbaden erlaubt

Bei Deichbrüchen zwischen dem 16. Jahrhundert und 17. Jahrhundert wurden durch die Wasserwirbel Löcher in den Boden gerissen, die nicht wieder mit Erde befüllt wurden. Manche Stellen wurden gar mehrfach ausgehöhlt. Eine kleine und vier größere Wehlen sind so in Uelvesbüll am Porrendeich entstanden. Die tiefste davon, die Große Wehle, reicht über fünf Meter hinunter. Heute sind sie allesamt Süßwasserbiotope, in denen im Sommer gebadet wird. Wie grün man am Ende wieder herauskommt, ist eine Frage der Einstellung.

Weiter auf Porrendeich, dann links zu Haubarg.

UNBEDINGT
SCHWIMMEN
GEHEN!

Am Porrendeich schwimmen sie auch in den Wehlen.

Der Rote Hauarg in Witzwort ist einer der letzten des Typs geräumiger Bauernhäuser auf Eiderstedt.

KM 36

Roter Hauarg

⑤ Landschaftsprägende Architektur

Der Sage nach galt der Teufel als Bauherr des Roten Hauargs.

Mit den weiß getünchten Wänden und dem gewaltigen Reetdach ist er schon von Weitem zu erkennen, der sogenannte Rote Hauarg. Er zählt zu der Gattung geräumiger Bauernhäuser, die typisch für die Halbinsel sind. Hier lebten und arbeiteten einst Mensch und Tier unter einem Dach: Es gab genug Platz, um das Heu zu stapeln, Bedienstete zu beherbergen, Pferde und Rinder unterzustellen. Trotz des Umfangs erwies sich der Ständerbau in seiner Struktur als unverwüstlich, selbst bei Sturmflut. Ein Teil des Hauargs beherbergt heute ein Museum, das Bauart und Lebensweise des Großbauernhofes mit Originaldetails und an einem Modell veranschaulicht. Man kann sich die Beine im Park vertreten, das Bauwerk bewundern oder ein Häppchen im Restaurant zu sich nehmen. (www.roterhauarg.de)

Auf Am Sandberg nach Witzwort fahren.

KM 39

6 Marienkirche, Witzwort
Filigrane Figuren besichtigen

Der Rote Haubarg gehört zu Witzwort, einem kleinen Ort auf der Halbinsel Eiderstedt, umgeben von Marschwiesen und Weidetieren. Ein 1000-Seelen-Dorf mit einer Meierei, einer alten Mühle sowie einem Dorfladen. Auf einer Warft erhebt sich die Backsteinkirche des Dorfes, die ältesten Bauteile gehen auf das 15. Jahrhundert zurück. So zählt sie zu den insgesamt 18 historischen Kirchlein auf Eiderstedt. Im einschiffigen Innern ist allein der dreiteilige spätgotische Schnitzaltar einen Besuch wert, so ausdrucksstark und filigran sind seine Figuren. Stundenlang könnte man auf einer Bank sitzen und sich in die Lebendigkeit der Schilderung vertiefen.

Weiter auf Süden, dann links in Siethwende abbiegen.

EXTRA INFOS:

Auch die Oldensworter Kirche ● **Sankt Pankratius** zählt zu den architektonischen Highlights der Halbinsel. Sie ist älter (um 1250 erbaut) und größer aus die Witzworter Kirche und zeigt Malereien aus dem 15. Jahrhundert über dem Chorbogen.

Beliebt bei Einheimischen und Gästen ist das ● **Haus Peters** in Tetenbüll, ein ehemaliger Kaufmannsladen mit Wohntrakt, erbaut im 18. Jahrhundert. Wer sich im heutigen Museum umsieht, taucht ab in eine andere Zeit. Auch werden regelmäßig Veranstaltungen und Kunstausstellungen angeboten. (hauspeters.info)

KM 41 » ZIEL
Bahnhaltestelle Witzwort

Die Witzworter Marienkirche liegt eher abseits ausgetretener Pfade.

Heverstrom

Naturschutzgebiet
Nordfriesisches
Wattenmeer

KLEINER UMWEG,
UM DIE »DEICHAUTOBAHN«
ZU VERMEIDEN

3 Hafen Tetenbüllspieker

Norderfriedrichskoog

Norderheverkoog

Speicher
becken

Jordflether
Koog

Nordpol

Tetenbüllspieker

VOR DEM DEICH
IST ES AM SCHÖNSTEN

Seegaard

Wasserkoog

LEIDER KEIN RADWEG!

WUNDERBARE STRECKE
ENTLANG DER ALTEN
NORDERBOOTFAHRT

Museum Haus Peters   **2** Café im Theatrium

Tetenbüll

Norderbootfahrt

Norderbootfahrt

N

Katharinenheerd

B 202

Kotzenbüll

0   1   2 KM

Koogshaus

Platenhörn

4 Uelvesbüller Wehlen

5 Roter Haubarg

Nobiskrug

B 5

SCHÖN, WENN DER RAPS BLÜHT

6 Marienkirche, Witzwort

Witzwort

B 202

Weidenwarft

ZIEL Bahnhaltestelle Witzwort

Sankt Pankratius

Oldenswort

Bahnhaltestelle Harblek

START

1 Hoyerswort

Eider

Hemmerdeich

Süderdeich

B 5; B 202

Altendeich

Süderfriedrichskoog

Oldenswooter Vorland

AUF EINEN BLICK

» **Start:** Bahnhaltestelle Harblek
» **Ziel:** Bahnhaltestelle Witzwort
» **Strecke/reine Radelzeit:** 41 km, 3 Std. 30 (Streckentour)
» **Höhenmeter:** ↗ 9 m ↘ 9 m
» **Wegbeschaffenheit:** Radwege, Landwirtschaftswege mit Agrarplatten und schmale Straßen.
» **Beste Zeit:** Von April bis Oktober.
» **Mitnehmen:** Eventuell Badesachen.

DIE RADELPAUSEN

» START
Bahnhof Tönning

KM 0,5
① Hafen von Tönning
Bötchen zählen

KM 6,5
② Katinger Watt
Dem Vogelkonzert lauschen

KM 11
③ Eidersperrwerk
Meeresluft inhalieren

VER-TRÄUMTE NESTER

46

Über das Eidersperrwerk ins alte Bauernland

Einst haben sich Nordfriesland und Dithmarschen bitter bekämpft. Heute radelt man über den verbindenden Eiderdamm, bewundert das Sperrwerk, das die Gegend vor Überflutungen schützt, lässt den Blick schweifen und denkt: Wie ähnlich sich die Nachbarn doch sind. Bis auf die Windräder und den Kohl.

KM 19,5

4 Hebbel Café in Wesselburen
Genießen wie ein Dichter

KM 20,5

5 Kohlosseum
Kohlköpfe & Kraut

KM 27,5

6 Wöhrden
Das älteste Haus Dithmarschens

KM 35 » ZIEL
Bahnhof Heide

TÖNNING WAR EINMAL ...

... eine wichtige Hafenstadt im Handel mit England. Heute wirkt der **Hafen** ebenso pittoresk wie das Städtchen verschlafen. Zwar liegt es nicht am Meer, doch fließt durch die Adern der Eider auch Salzwasser. Wer sich zum **Katinger Watt** aufmacht, erfährt die Gründe dafür. Immer den Fluss entlang beziehungsweise parallel dazu führt der Weg. Der Weißdorn am Wegrand duftet intensiv, Lupinen setzen lila Farbkleckse. Schafe grasen stoisch auf Deichen und Wiesen.

Im Katinger Watt stehen die Kühe halb im kühlenden Wasserloch. Ringsherum bilden die von Mai bis Juli blühenden Kuckucks-Lichtnelken rosa Teppiche aus, die selbst Autofahrende zum Anhalten bringen. Man tauscht sich aus und erhält womöglich einen Tipp für die Weiterfahrt: Am **Eidersperrwerk** sind Möwenjunge zu bewundern!

DER MÜTTERLICHE BLICK EINER LACHMÖWE, DIE IHRE UNGEDULDIG SCHREIENDE BRUT VERSORGT

Noch vor dem Sperrwerk, das wie die Eider die Grenze zwischen Nordfriesland und Dithmarschen markiert, rumoren Frösche in wiedervernässten Flächen. Teichhühner ziehen ihre Bahnen, Enten lotsen ihre Jungen mitten in den weiß blühenden Wasserhahnenfuß des Teichs, der Deckung bietet. Auf der Straße stockt der Autoverkehr, gerade wird geschleust. Ein Ausflugsschiff will ans Meer.

Oben auf dem Sperrwerk ist die Aussicht auf alle Wasser am besten. Akustisch untermalt vom steten Warngeschrei der Brutkolonie, Küstenseeschwalben im Tiefflug. Der strenge Geruch erinnert an flüssige Haushaltswürze. Vor den mächtigen Toren der Konstruktion schäumt die Gischt, der Wind treibt Wolken vor sich her. Wen das nicht stört, der strampelt über die Krone des Eiderdamms, während die anderen linksseitig dahinter geduckt weiterradeln.

Der erste Ort auf Dithmarscher Seite heißt **Wesselburen**. Hier kümmerte sich Dichter Hebbel einst um sein Eichhörnchen, seine Gedichte sind heute noch hier und dort hörbar. Ein **Café** seines Namens gibt es auch. Wer nicht auf Süßes steht, dem sei das **Kohlosseum** als touristischer Anlaufpunkt empfohlen. Vor dem Marschdorf **Wöhrden** grast eine Herde von Pferden auf einem Hügel, dahinter erhebt sich eine Armee von Windrädern.

Das freut auch die Bienen:
Nahrung am Wegesrand.

Krabbenbrötchen mit Aussicht genießen
am Eidersperrwerk.

Tönninger Idylle auf dem Weg hinterm Deich.

RADELN & GENIESSEN

● **>> START**
Bahnhof Tönning

KM 0,5
① **Hafen von Tönning**
Bötchen zählen

Im Hafen von Tönning schaukeln die Boote sanft im Wasser.

Alle Wege führen zum Hafen, wo seit 1600 bis zum Bau des Nord-Ostsee-Kanals enorme Mengen an Waren verladen wurden. Käse, Weizen und Wolle – Eiderstedts Produkte gingen nach Westeuropa, auch Vieh schiffte man hier ein. Die Kopie eines alten Gemäldes an der Schleusenstraße nahe der weißen Brücke gibt einen ungefähren Eindruck vom einstigen Treiben. Wer sich den ruhigen Hafen mit seinen bei Ebbe flachfallenden Booten anschaut, wird nie auf die Idee kommen, dass Tönning während der Kontinentalsperre Napoleons sogar den Hamburger Hafen ersetzte. Heute lässt man sich vielleicht mit einem Fischbrötchen am Kai nieder, passt auf, dass die Möwen es einem nicht wegschnappen – oder lässt einfach so die Beine baumeln und zählt die Boote.

Der Radweg zum Katinger Watt führt malerisch die Eider entlang, dann hinter den Deich vorbei an reetgedeckten Katen und hinter dem kleinen Museum Spökenkieker links parallel zur Straße.

Vom Aussichtsturm lässt sich manch ein Wiesenvogel erspähen.

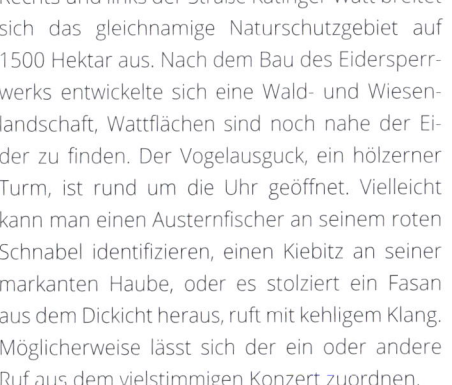

Am Eidersperrwerk tost das Wasser, wenn sich die Tore öffnen.

BITTE NICHT REINFALLEN!

KM 11

3 Eidersperrwerk
Meeresluft inhalieren

Durchatmen. Links der Fluss, rechts die Nordsee, die einst ungebremst ins Eiderwatt vordringen und Überschwemmungen verursachen konnte. Wassermassen tosen um die schweren Tore des Sperrwerks, oben auf dem Eiderdamm weht ein kräftiger Wind. Viel Bewegung auch drumherum, Menschen kommen und gehen, mit oder ohne Rad. Dass hier gleichzeitig so viele Küstenseeschwalben und Lachmöwen brüten, grenzt an ein Wunder. Trotzdem sind die Besuchenden gebeten, einen gewissen Abstand zu halten, um die Kolonie nicht zu stören. Mit einem entsprechenden Objektiv oder Fernglas kann man die nach Nahrung rufenden Jungvögel nah vor die Linse holen. Entzückend, das gepunktete Federkleid der kleinen Lachmöwen.

Immer geradeaus über den Radweg parallel zur L 305. Kurz vor Norddeich rechts auf die Mühlenstraße wechseln.

KM 6,5

2 Katinger Watt
Dem Vogelkonzert lauschen

Rechts und links der Straße Katinger Watt breitet sich das gleichnamige Naturschutzgebiet auf 1500 Hektar aus. Nach dem Bau des Eidersperrwerks entwickelte sich eine Wald- und Wiesenlandschaft, Wattflächen sind noch nahe der Eider zu finden. Der Vogelausguck, ein hölzerner Turm, ist rund um die Uhr geöffnet. Vielleicht kann man einen Austernfischer an seinem roten Schnabel identifizieren, einen Kiebitz an seiner markanten Haube, oder es stolziert ein Fasan aus dem Dickicht heraus, ruft mit kehligem Klang. Möglicherweise lässt sich der ein oder andere Ruf aus dem vielstimmigen Konzert zuordnen.

Immer geradeaus, an der Ampel die Straße überqueren und links abbiegen. Das Rad den Damm hinaufschieben.

Unweit des Eiderdeichs tummeln sich Blässhühner im Wasser.

Ein Genuss: Erdbeersahne im Garten des Hebbel Cafés.

KM 20,5

5 Kohlosseum
Kohlköpfe & Kraut

Dem Gold der Dithmarscher ist ein großes Haus mit Museum, Krautwerkstatt und Verkaufsraum gewidmet. (www.kohlosseum.de). In Letzterem sind u. a. Sauerkrautprodukte in Bioqualität zu finden, aber auch viele andere Dinge wie Rezeptbücher, Tees, Gewürze und Fruchtaufstriche. In der oberen Etage der einstigen Zuckerfabrik erfährt man, wie es dazu kam, dass Dithmarschen zum größten zusammenhängenden Anbaugebiet für Kohl wurde. Und wie er früher herangezogen und verarbeitet wurde – im Unterschied zu heute. Alte Gerätschaften inklusive Transportrad schmücken den Raum.

Der Hauptstraße in südöstlicher Richtung folgen.

KM 19,5

4 Hebbel Café in Wesselburen
Genießen wie ein Dichter

In Wesselburen dreht sich alles um den berühmtesten Sohn des Ortes: Christian Friedrich Hebbel, Dramatiker und Dichter aus dem 19. Jahrhundert. Wer mag, kann auf seinen Spuren die Stadt entdecken, sie umwandern oder das ihm gewidmete Museum besuchen. Im Hebbel Café (www.hebbelcafe.de) in der Mittelstraße 2 sitzt man auf Sesseln und Sofas im Biedermeierstil oder bei Sonne draußen im Garten. Eine Vitrine voll saisonaler Torten, etwa Erdbeer- und Blaubeer-Sahne oder Pfirsich-Mohn, führt wohlmöglich zu einem dramatischen Entscheidungsdilemma. Wer Lust auf Herzhaftes hat, kann je nach Tagesangebot Quiche oder belegte Brote bekommen. Und zum Dessert vielleicht noch ein Gedicht an der »Hörbar« Am Markt, gesprochen von Dithmarschern.

Weiter in südöstlicher Richtung über die Bahnhofstraße.

Schon von außen einladend ist das Hebbel Café.

Im Kohlosseum geht es auch um das Landleben in anderen Zeiten.

EXTRA INFOS:

Regional shoppen: Immer samstags weichen die Autos auf Deutschlands größtem ● **Marktplatz in Heide** den bunten Ständen.

Den Abend mit Dithmarscher oder internationalen Gerichten und dem Blick auf Park und Turm ausklingen lassen, das geht im ● **Restaurant am Wasserturm** in Heide (am-wasserturm-heide.de).

KM 27,5
6 Wöhrden
Das älteste Haus Dithmarschens

KM 35 » ZIEL
Bahnhof Heide

Wöhrden ist eines jener Dörfer, durch die schon mal ein Kuhtaxi tuckern kann, ein Traktor mit Anhänger und tierischen Fahrgästen. Im Ortskern stellt man das Rad ab, flaniert ein wenig umher und mag sich fragen: Ist die barocke St.-Nicolai-Kirche oder der knorrige Stamm der alten Rotbuche daneben die Attraktion? Auf jeden Fall das älteste Haus Dithmarschens in der Hafenstraße, das einstige Materialienhaus. Seine erste Version stammte aus dem Jahr 1519 – ohne Fenster. Es wurde mehrfach umgebaut und erweitert, hatte unterschiedliche Funktionen, auch als Herberge. Die Inschrift »Waterbörs« deutet auf eine Nutzung als Wasserbörse, einen nachbarschaftlichen Treffpunkt, hin. Der gotische Giebel blieb dem heutigen Wohnhaus erhalten.

Östlich über die Chausseestraße und den Pehrsenweg nach Lohe-Rickelshof und auf dem Loher Weg nach Heide.

Es gilt als ältestes Haus Dithmarschens, das einstige Materialhaus.

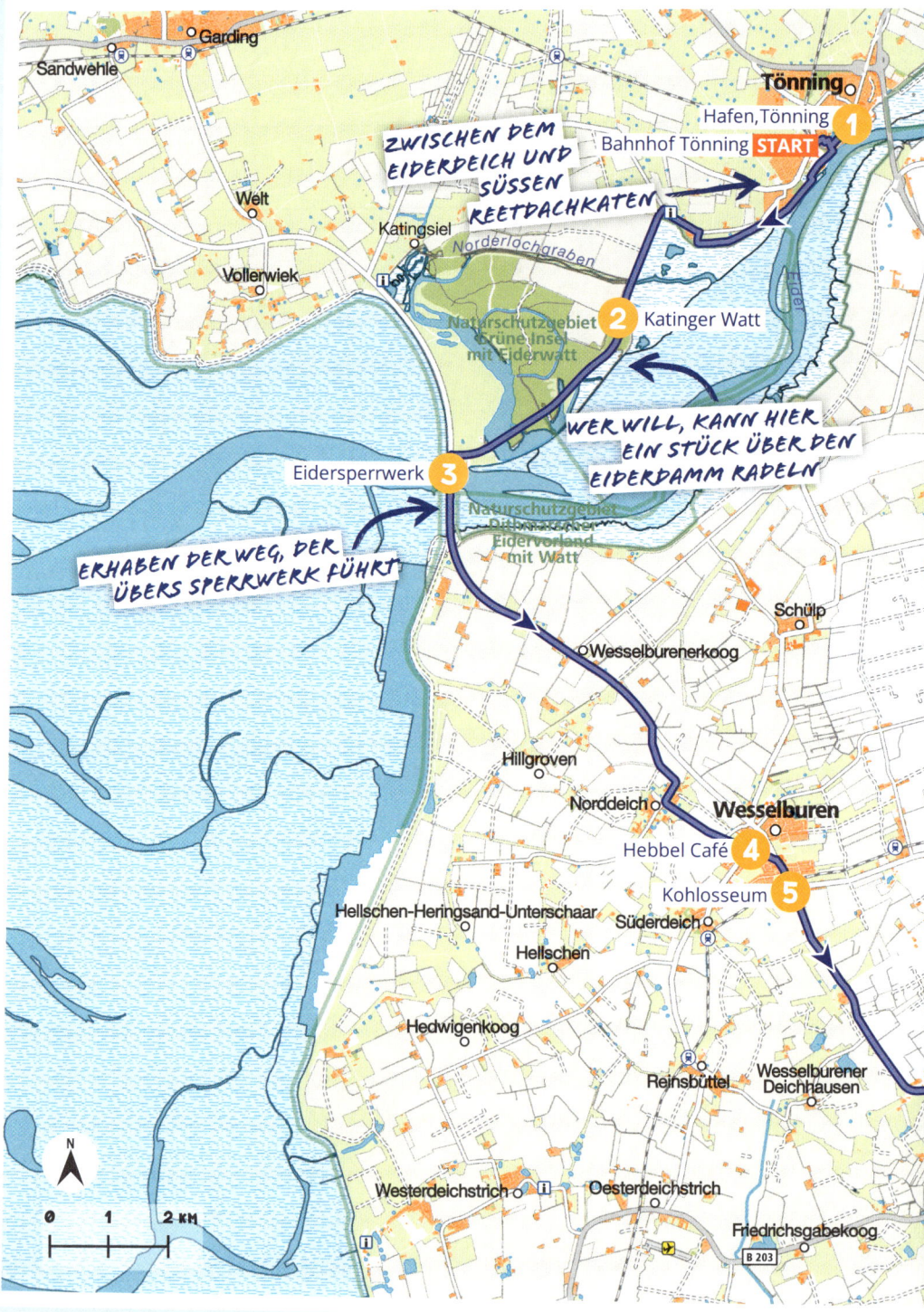

Garding

Sandwehle

Tönning

Hafen, Tönning

Bahnhof Tönning **START** ①

ZWISCHEN DEM EIDERDEICH UND SÜSSEN REETDACHKATEN

Welt

Katingsiel

Norderlochgraben

Vollerwiek

Naturschutzgebiet Grüne Insel mit Eiderwatt

② Katinger Watt

WER WILL, KANN HIER EIN STÜCK ÜBER DEN EIDERDAMM RADELN

Eidersperrwerk ③

Naturschutzgebiet Dithmarscher Eidervorland mit Watt

ERHABEN DER WEG, DER ÜBERS SPERRWERK FÜHRT

Schülp

Wesselburenerkoog

Hillgroven

Norddeich

Wesselburen

Hebbel Café ④

Kohlosseum ⑤

Hellschen-Heringsand-Unterschaar

Süderdeich

Hellschen

Hedwigenkoog

Reinsbüttel

Wesselburener Deichhausen

Westerdeichstrich

Oesterdeichstrich

Friedrichsgabekoog

B 203

N

0   1   2 KM

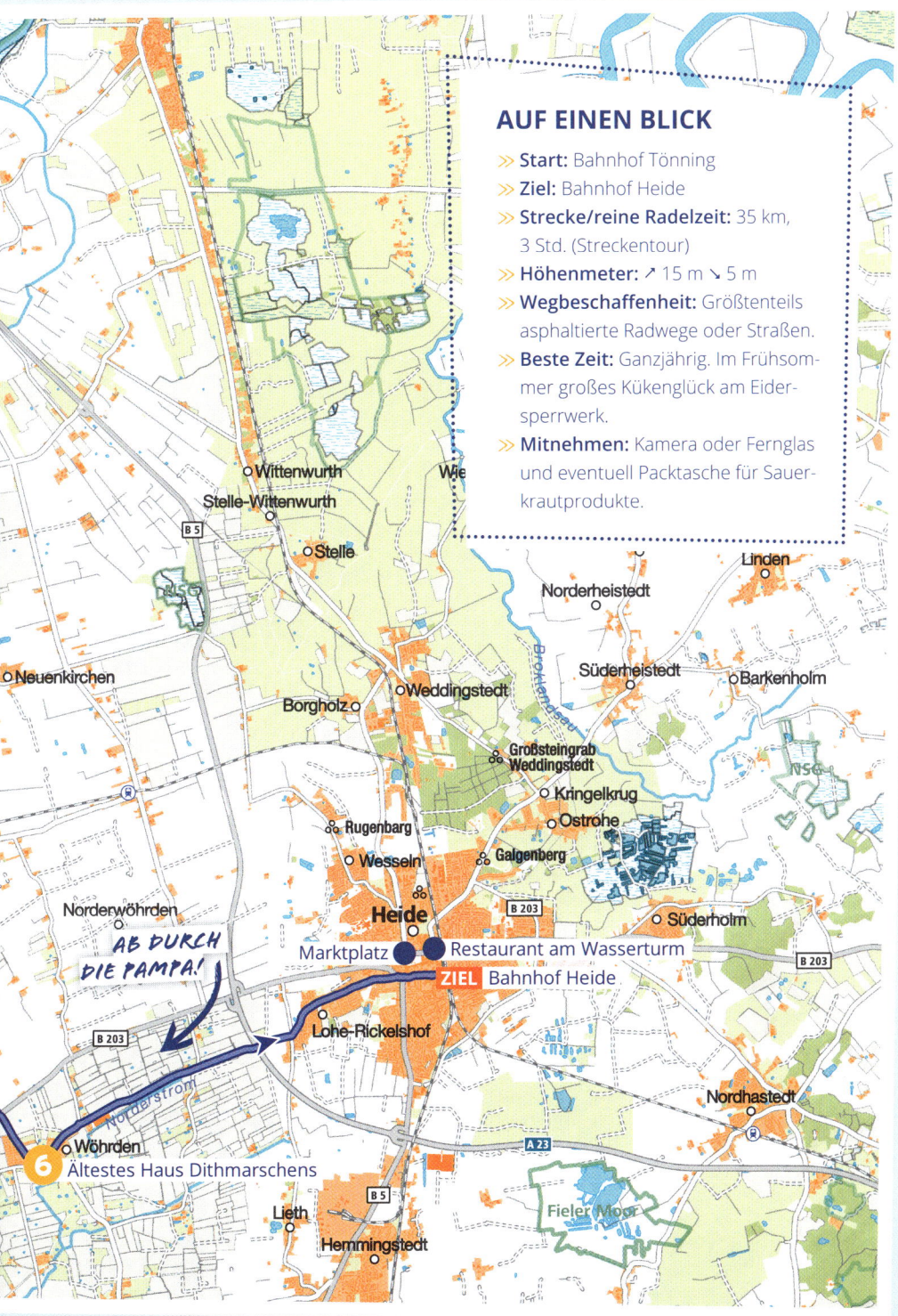

AUF EINEN BLICK

» **Start:** Bahnhof Tönning
» **Ziel:** Bahnhof Heide
» **Strecke/reine Radelzeit:** 35 km, 3 Std. (Streckentour)
» **Höhenmeter:** ↗ 15 m ↘ 5 m
» **Wegbeschaffenheit:** Größtenteils asphaltierte Radwege oder Straßen.
» **Beste Zeit:** Ganzjährig. Im Frühsommer großes Kükenglück am Eidersperrwerk.
» **Mitnehmen:** Kamera oder Fernglas und eventuell Packtasche für Sauerkrautprodukte.

Wittenwurth
Stelle-Wittenwurth
B 5
Stelle
Wie

Linden
Norderheistedt
Süderheistedt
Barkenholm

NSG
Neuenkirchen
Borgholz
Weddingstedt
Großsteingrab Weddingstedt
Kringelkrug
Ostrohe
Rugenbarg
Wesseln
Galgenberg
Norderwöhrden
Heide
B 203
Süderholm
B 203

AB DURCH DIE PAMPA!

Marktplatz
Restaurant am Wasserturm
ZIEL Bahnhof Heide
B 203
Lohe-Rickelshof
Norderstrom
Nordhastedt
6 Ältestes Haus Dithmarschens
Wöhrden
A 23
Lieth
B 5
Fieler Moor
Hemmingstedt

DIE RADELPAUSEN

KM 14
Lundener Niederung
Was huscht da im Gras?

2

» START
Bahnhof Tönning

KM 1,5
Multimar Wattforum, Tönning
Seepferdchen bewundern

1

KM 22,5
Geschlechterfriedhof, Lunden
Geschichte auf
Grabsteinen

3

ENTLANG DER EIDER

Tönning, Lunden und das Eiderwatt

Nordfriesland und Dithmarschen sind völlig verschieden? Falsch. So heißt es »Schau hin und finde die Unterschiede« auf dem Weg hüben wie drüben. Zudem lernt man das Marschland und die Wattflächen des Flusses mal von einer anderen, intensiven Seite kennen.

KM 24,5

4 Café Liebevoll hinterm Deich
Regional genießen

KM 25,5

5 Eiderblick, Wollersum
Badende Gänse

KM 34

6 Ele's Alte Werft, Tönning
Aperitif am Hafen

KM 34,5 » ZIEL
Bahnhof Tönning

LÄNDLICHE SCHÖNHEIT

 Der Morgen ist noch verhangen, doch es verspricht, ein schöner Tag zu werden. Gleich hinter dem **Multimar Wattforum** erreicht man die Eiderbrücke. Ein kurzer Blick zurück: Wolken spiegeln sich im Fluss. Der Tönninger Kirchturm in der Ferne. Auf der anderen Seite der Eider beginnt Dithmarschen, die Nachbarregion Nordfrieslands. Eine ehemalige Bauernrepublik mit dem größten geschlossenen Kohlanbaugebiet Europas.

Hinterm Deich schauen Kühe neugierig über den Zaun, wie um den Radelnden zu grüßen. Der schrille Schrei eines Greifvogels mischt sich unter das Blöken der Schafe auf dem Eiderdeich. Das ist der Sound der Marsch. Und wie sollte es anders sein: Der erste Kohl auf dieser Strecke sprießt schon auf einem Acker. Willkommen in Dithmarschen! Der Weizen ist überreif, zu viele Regentage, die Bauern fluchen schon, warten auf Sonne und Wind. Mindestens für zwei Tage!

GLÜCK IST, DEM STETEN GESCHNATTER DER GRAUGÄNSE ZU LAUSCHEN, DIE AM EIDERSTRAND BADEN

Kamillen duften am Wegesrand wie Kindheitserinnerungen an den Sommer. Ein Fasan quert flink die Straße und lässt sich mit lauter Beschwerde im Mais nieder. Links und rechts setzen hochgewachsene Weidenröschen pinkfarbene Akzente.

Kaum jemand unterwegs in der **Lundener Niederung**, die mal eine amphibische Landschaft mit Seen und Sumpf war, bevor man sie entwässerte und landwirtschaftlich nutzte. Nun will man das Land nach und nach wieder vernässen. Die Natur zurückholen. Samtene Ruhe und Vogelgezwitscher auch auf dem **Geschlechterfriedhof** mitten in Lunden – wenn nicht gerade etwas Motorisiertes vorbeirauscht. Der Ort ist zwar übersichtlich, aber nicht autofrei.

Ins **Café Liebevoll hinterm Deich** ist es nur noch ein Katzensprung. Und schon ist man wieder in der offenen Landschaft. Vom **Badestrand Wollersum** ist vielleicht die hochgeklappte Eiderbrücke wie ein überdimensioniertes, umgekehrtes V in der Landschaft zu sehen. Und über dem Nesserdeich saust ein anwachsender Schwarm von Staren durch die Lüfte. Mehr Leben gibt es dann wieder in der **Alten Werft** kurz vor dem Ziel.

RADELN & GENIEßEN

» START
Bahnhof Tönning

Über die Weserstraße und Am Markt einen Schlenker um den Schlossgraben machen bis Am Hafen.

Den Blick für die Details schärfen, das geht in der Lundener Niederung.

KM 1,5

1

Multimar Wattforum, Tönning
Seepferdchen bewundern

Das Wattforum in Tönning: Wo ein Pottwal raumfüllend wirkt.

Multimar
WATTFORUM

Wale, Watt & Weltnature

Das Wattenmeer gilt als Lebensraum mit besonderen Anforderungen. Hier siedeln sich Pflanzen und Tiere an, die mit viel Bewegung klarkommen, etwa Strandschnecken, Purpurrosen, Einsiedlerkrebse und Seesterne. Auch das Langschnäuzige Seepferdchen ist zugegen, das fast aus dem Wattenmeer verschwunden war. Das Forum schafft einen Einblick in die vielfältige Welt unter der Wasseroberfläche und zeigt Schollen, den Großen Knurrhahn, Goldbrassen, Meeräschen. Auch der Europäische Hummer aus der Hochsee ist präsent. Im Untergeschoss des Wattforums streckt sich ein männlicher Pottwal in den Raum. (multimar-wattforum.de)

Am Robbenberg eines der typischen Tore zum Deich öffnen und eventuell ein paar Schritte über Gras schieben. So gelangt man auf die Eiderbrücke. Am Ende unter der B 5 durchfahren. Lundener Straße und Nesserdeich folgen. Rechts in Flehder Wurth abbiegen und auf dem Asmusweg nach Rehm-Flehde-Bargen.

KM 14

2 Lundener Niederung
Was huscht da im Gras?

Das 900 Hektar große Gebiet in der Flussland-schaft Eider-Treene-Sorge liegt zu großen Teilen unterhalb des Meeresspiegels. Nur das Pfeifen des Windes ist weiter oben zu hören: Vom Aus-sichtsturm kann man sich einen ersten Über-blick verschaffen, weiterradeln oder ein biss-chen spazieren gehen. Vielleicht einen Kranich entdecken, der mit weiten Schwingen über das Schilf zieht. Oder den hochreckten Kopf eines im hohen Gras versteckten Rehs ausmachen. Einst wurde die Niederung landwirtschaftlich genutzt, dazu hat man die Wasserstände abgesenkt. Haffseen verlandeten, nur der Mötjensee blieb erhalten. Moore wurden in Grünflächen umge-wandelt. Heute ist die Niederung ein Ort der Stil-le und Zurückgezogenheit. Ein vielfältiger Le-bensraum, auch wenn es auf den ersten Blick nicht so wirkt.

Vom Aussichtsturm dem Weg in östlicher Richtung folgen und links in Weißer Moorweg einbiegen. Immer geradeaus, dann links in die Moorchaussee. Über Mittelweg und Brun-nenstraße in die Stadtmitte fahren.

Grabsteine, die Geschichten von Wohlstand erzählen.

KM 22,5

3 Geschlechterfriedhof, Lunden
Geschichte auf Grabsteinen

Lunden, ein kleiner Ort unweit der Eider, enthält verborgene Schätze. Dass er sich auf einer Sanddüne entwickelte, ist heute nicht mehr er-kennbar. Am höchsten Punkt lag ein Heiligtum und später die erste Kirche. Dorthin floh man bei einer Sturmflut. An diesem Punkt ragt heute die Laurentius-Kirche in die Höhe. Und die Be-sucher:innen kommen sogar aus dem Ausland. Ein Ehepaar aus England dreht eine Runde über den Friedhof. Es ist nämlich kein normaler, son-dern ein geschichtsträchtiger Ort. Die Grabplat-ten auf dem sogenannten Geschlechterfriedhof erzählen von der Dithmarscher Bauernrepublik im 15. und 16. Jahrhundert und dem Wohlstand der Bauerngeschlechter.

Über die Wollersumer Straße aus Lunden heraus und rechts dem Schild folgen.

Hinauf auf den Turm, um den Geheimnissen im Schilf auf die Spur zu kommen.

Ein Blick in die Laurentius-Kirche lohnt sich ebenfalls.

KM 24,5

Café Liebevoll hinterm Deich
4 Regional genießen

Im benachbarten Lehe erstreckt sich der Blick in die Weite des Lundener Koogs. Ein Traktor knattert übers Feld, einen Schwarm Möwen hinter sich her lockend. Wildes Gekreische. Im Garten des Cafés kann man windgeschützt im Strandkorb sitzen, was sich an frischen Tagen besonders gemütlich ausnimmt. Christiane und Nils Thorsten Hinte führen das Lokal mit Hingabe und verarbeiten von der Milch bis zum Gemüse Produkte aus der Region. Der aromatische Cappuccino mundet zur Stachelbeer-Baiser-Torte. Auch Frühstück ist möglich für alle, die die Tour lieber im statt gegen den Uhrzeigersinn fahren möchten. (www.liebevoll-hinterm-deich.de)

Ein Stück zurückfahren und weiter geradeaus bis zum Campingplatz.

Köstlichkeiten hinter dem Eiderdeich.

179

Auch Graugänse zieht es an die Naturbadestelle Wollersum.

KM 25,5

5 Eiderblick, Wollersum
Badende Gänse

Gut versteckt hinter ein paar Campingwagen liegt ein Plätzchen im Grünen, unter Einheimischen auch als Naturbadestelle Wollersum bekannt. Etwas materialmüde wirkt der Badesteg schon, daher wird er bald erneuert. Es herrscht Ebbe, die graubraunen Wattflächen der Eider kommen ans Tageslicht. Auf ihrem letzten Abschnitt Richtung Meer mutiert die Eider zum Tidefluss mit Brackwasserwatten zu den Seiten. Den Graugänsen scheint es zu gefallen. Ein Stück weiter hinten haben sie eine Stelle ausgesucht für ein Bad am Nachmittag. Der Picknickplatz in der Nähe des Stegs ist frei. Überhaupt wirkt diese Badestelle wie der perfekte Ort zum Alleinsein in der Natur. Außer in den Sommerferien natürlich!

Der krönende Abschluss: Chillen bei Ele's Alter Werft.

Den Nesserdeich auf dem Rückweg genießen. Rechts auf die Lundener Straße und über die Brücke zurück nach Tönning.

KM 34

6 Ele's Alte Werft, Tönning
Aperitif am Hafen

Ein paar Enten begeben sich ins Wasser und tauchen ab, Schwänzchen in die Höh'. Die kleinen Kutter und Segelboote liegen ruhig im Tönninger Binnenhafen, geschützt vor Wind und Strömung. In der ehemaligen Holzschiffwerft trifft man sich heute zu Kaffee und Kuchen, auf einen Absacker oder isst etwas Herzhaftes wie Fish & Chips. Seit 1740 wurde hier gesägt, gehobelt und geschraubt. Fischerboote, Eiderschniggen und Großsegler liefen vom Stapel, wo man heute verträumt aufs Wasser schaut, direkt an der alten Slipanlage. Und bei schlechtem Wetter kann man sich in der historischen Halle niederlassen und sämtliche Vintage-Details bewundern.

EXTRA INFOS:

Im historischen ● **Tönninger Kanalpackhaus** ist immer was los, vom Antikmarkt bis zum Wettbewerb im Krabbenpulen. (packhaus-tönning.de)

Immer wieder schön und immer anders ist die ● **Schiffstour** von der Eiderkaje in Tönning bis zum Eidersperrwerk. An Bord wird ein Seetierfang analysiert. Und mit etwas Glück sichtet man Seehunde auf der Sandbank. (www.adler-schiffe.de)

KM 34,5 » ZIEL
Bahnhof Tönning

Martime Vintage-Details schmücken das Innere.

181

AUF EINEN BLICK

» **Start/Ziel:** Bahnhof Tönning
» **Strecke/reine Radelzeit:** 34,5 km, 3 Std. (Rundtour)
» **Höhenmeter:** ↗ 15 m ↘ 16 m
» **Wegbeschaffenheit:** Asphaltierte Radwege und Neben-
   straßen, landwirtschaftliche Wege mit Agrarplatten,
   unbefestigte Abschnitte nahe dem Multimar und in der
   Lundener Niederung, teilweise Kopfsteinpflaster in Tönning.
» **Beste Zeit:** März bis Oktober
» **Mitnehmen:** Fernglas, eventuell Badesachen.

B 202

Norderbootsfahrt

Tönning

Oldensworter
Vorland

1 Multimar Wattforum

Bahnhof Tönning

START & ZIEL

Packhaus Tönning

Ele's Alte Werft **6**

Schiffs
tour
Eider

OLVERSUM

Eider

ALLEIN
UNTER KÜHEN

B 5

GROSS-OLVERSUM

Hemmerwurth

Norderlochgraben

N

Naturschutzgebiet
Grüne Insel
mit Eiderwatt

Naturschutzgebiet
Dithmarscher
Eidervorland
mit Watt

Karolinenkoog

0   1   2 KM

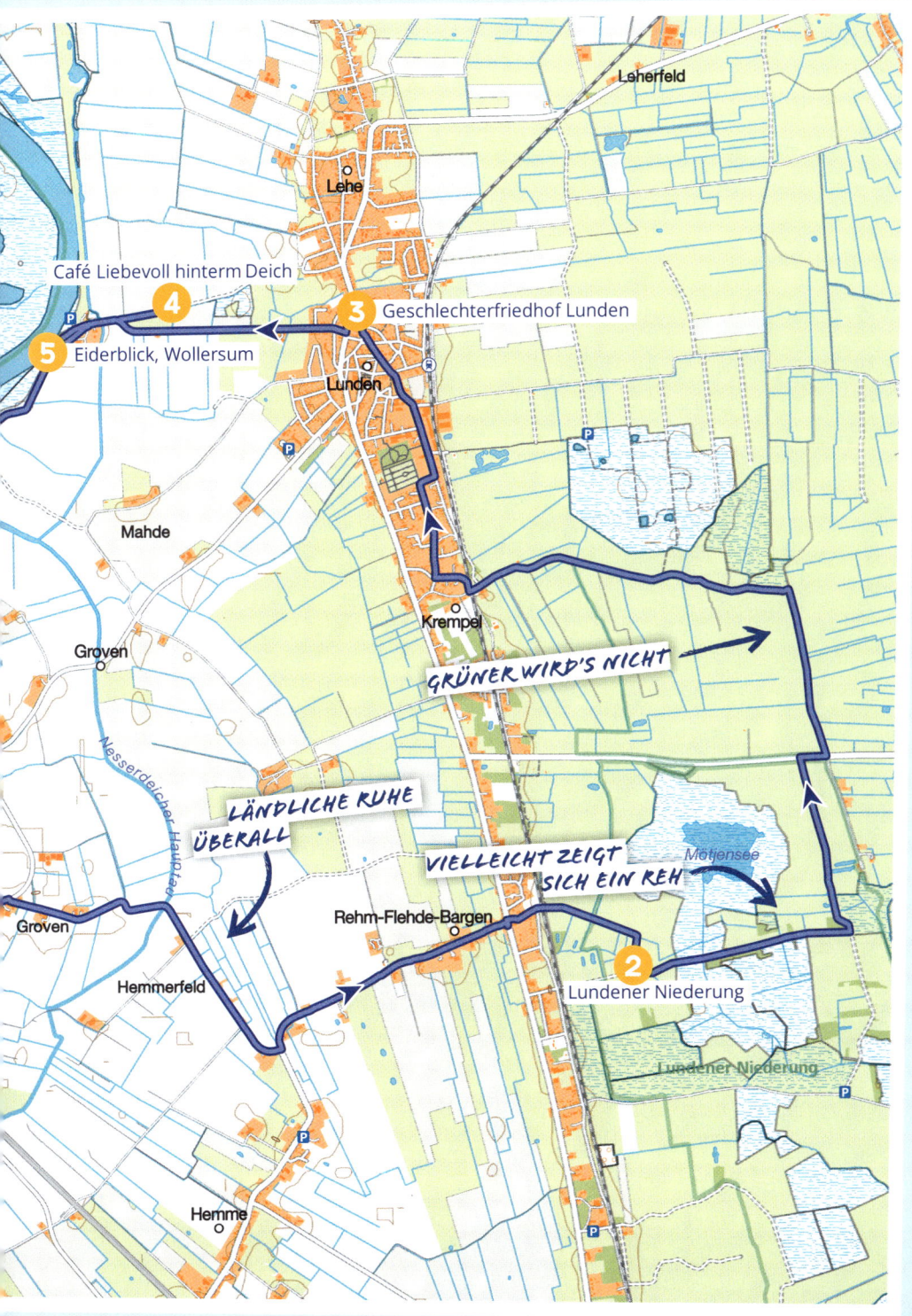

Café Liebevoll hinterm Deich

4

3 Geschlechterfriedhof Lunden

5 Eiderblick, Wollersum

Lunden

Mahde

Groven

GRÜNER WIRD'S NICHT →

Krempel

Nesserdeicher Hauptzug

LÄNDLICHE RUHE
ÜBERALL

VIELLEICHT ZEIGT
SICH EIN REH

Mötjensee

Groven

Rehm-Flehde-Bargen

2 Lundener Niederung

Hemmerfeld

Lundener Niederung

Hemme

Leherfeld

Lehe

DIE RADELPAUSEN

»START
Bahnhof Büsum

KM 1
1 Sankt Clemens, Büsum
Oase im Trubel

KM 8
2 Speicherkoog
Meditation mit Vögeln

KM 11,5
3 Stulle & Pulle
Schlemmen mit Aussicht

NAH AM WASSER GEBAUT

18

Büsum, Meldorf und der Speicherkoog

Alle lieben das Meer. Und die Orte und Dinge, die vom Meer erzählen. Etwa das Watt, duftender Meeresboden, reich an Nahrung für Schnecken, Würmer, Krebse und Vögel. Aber auch die Schiffe, selbst wenn sie als Modelle in Kirchen hängen und von vergangenen Zeiten erzählen.

KM 12

4 Miele Speicherbecken
Den Surfer in sich wecken

KM 24

6 Mühle Juliane
Eine kleine Pause zum Bewundern

KM 20,5

5 Meldorf
Ein Bummel in die Vergangenheit

KM 39 » ZIEL
Bahnhof Büsum

DIE ZEICHEN STEHEN AUF MARITIM

Ein Votivschiff prangt über den Sitzreihen, **Sankt Clemens** in Büsum wird auch die »Fischerkirche« genannt. Büsums altes Herz ragt nicht weit vom Hafen entfernt in bescheidene Höhe und stammt aus den Zeiten, als der Ort eine Insel war. Der Krabbenstand am Fischerhafen ist leer, doch schon bald werden die Garnelen frisch vom Kutter eintrudeln. Das Meer zieht sich langsam zurück, nicht so im Hafen. Hier haben die Schiffe stets genügend Wasser unterm Kiel.

Vor dem Deich grasen Schafe in der Morgensonne und demonstrieren mit lässiger Attitüde Desinteresse, was die Präsenz von Laufenden, Radelnden und Walkenden angeht.

Ein paar Spaziergänger:innen profitieren vom festen Sandwatt und laufen barfuß gen Horizont, allein oder zu zweit. Gleich hinter dem Deich sieht die Welt anders aus. Im Wöhrdener Loch am **Speicherkoog** haben sich Schwäne, Stockenten und wenige Graugänse eingefunden. Am Kronenloch ist die Luft bereits von Geschnatter erfüllt, das seichte Wasser voller Kiebitze und Alpenstrandläufer im Gegenlicht.

DER MEERESBODEN FUNKELT WIE TAUSEND DIAMANTEN, TANG SETZT GRÜNE FARBTUPFER INS WATTGRAU

Backfischduft strömt unter der Saison aus dem Foodtruck von **Stulle & Pulle**. Rundherum ein entspanntes Sein mit Fischbrötchen oder Pommes, fast so lässig wie die Welt der Surfer:innen, die sich im **Miele Speicherbecken** tummeln. Gegenüber vom Hafen angeln sie nach dem Wind, fallen um, rappeln sich wieder hoch. Der Surfsee ist ideal für Anfänger, aber ebenso beliebt bei Stehpaddlern, die bisweilen auch sitzend rudern.

Zu Zeiten, als die Kirche noch als Seezeichen diente, lag **Meldorf** ebenfalls an der Nordsee. Heute ist es über den Meldorfer Hafenstrom mit dem Meer verbunden und liegt ein paar Kilometer weiter im Landesinnern, denn auch die Küstenlinie der Meldorfer Bucht hat sich durch Eindeichung verändert. Der Dom gibt Orientierung beim Stadtbummel. So lässt sich das Flair der Slow City genießen, in Meldorfs Gassen, am Marktplatz, im Dom.

Zurück ist man am Ende der Tour in Büsum, wo Abend für Abend der Sonnenuntergang am Strand zelebriert wird. Entweder barfuß im Watt oder durchs seichte Wasser watend.

Baden zum Sonnenuntergang, falls die Flut passt in Büsum.

Ein Hafen mit Tradition und schöner Atmosphäre.

MUSEUMSHAF
BÜSUM

Am Watt entlangradeln, begleitet von den Rufen der Watvögel.

RADELN & GENIEßEN

>> START
Bahnhof Büsum

Von der Bahnhofstraße links in die Kirchenstraße abbiegen.

KM 1

① Sankt Clemens, Büsum
Oase im Trubel

An der Decke baumelt ein Votivschiff von 1807.

Die Fischerkirche thront leicht erhöht auf einer Warft, die noch an die Zeiten erinnert, als Büsum eine Insel war. Auf deren höchster Stelle konnte man nicht nur beten, singen und beichten, sondern bei Sturmflut ein trockenes Plätzchen erreichen. Auch diente der Bau den Einwohner:innen als Versammlungsort. Heute noch fühlt man sich geborgen inmitten der bauchigen Architektur. Lässt sich gerne nieder und genießt die Stille. Man bewundert vielleicht das bronzene Taufbecken von 1300, das ein Seeräuber auf Pellworm entwendet haben soll. Oder das Votivschiff von 1807, das nicht nur auf Büsums enge Beziehung zum Meer hinweist, sondern auch als Symbol des Lebens zu sehen ist. Nicht selten hatten die Fischer in früheren Zeiten ihr Leben auf dem Wasser riskiert.

Hinter der Kirche auf die Österstraße in Richtung Deich fahren und links abbiegen. Am Hafen entlang bis zur Werftstraße, dann links den Fischerkai nehmen, der Kurve folgen und bis zum Außendeich radeln. Auf dem Strandabschnitt in Büsumer Deichhausen muss das Rad geschoben werden.

Bei Stulle & Pulle lässt es sich lässig abhängen.

KM 8

② Speicherkoog
Meditation mit Vögeln

Kontrastprogramm: Am Speicherkoog kann es lauter werden, aber auf angenehme Art und Weise. Während die Anzahl des Federviehs am Wöhrdener Loch noch überschaubar ist, platzt der Uferbereich am Kronenloch quasi aus allen Nähten. Gänse, Wat- und Wasservögel lieben das Naturschutzgebiet. So ist für jeden eine Ob-servierung mit dem Fernglas angesagt, der die Vöglein auseinanderdividieren und an ihrem multikulturellen Beisammensein teilhaben möchte. Und immer gilt es, die Augen offen zu halten. Vielleicht kreuzen Kormorane am Him-mel, schwarze Schatten über dem Weg. Und mit etwas Glück laufen ein paar Fasane herum, be-vor sie wieder im Dickicht verschwinden.

Geradeaus weiter, vorbei an den Campingwagen zum Miele Speicherbecken.

KM 11,5

③ Stulle & Pulle
Schlemmen mit Aussicht

Es lohnt sich, zwischen Wöhrdener Loch und Kronenloch einen kulinarischen Stopp einzule-gen. Wie Name und Duft suggerieren, liegt der Schwerpunkt bei Stulle & Pulle auf Fischbröt-chen und Co. Ein lässiger Lunch auf dem Hin-weg, vielleicht sogar ein Eis »made in Kiel« on top. Das Imbissteam baut jedes Jahr zur Saison-zeit seinen Speisewagen am Surfsee des Spei-cherkoogs auf. Seit 2020 werden hier Pommes und Backfisch gebrutzelt. Zur Auswahl stehen ebenso vegane Alternativen wie V-Lax auf Karot-tenbasis oder Back-Visch mit Schwarzwurzel, Jackfrucht und Blumenkohl. Dazu Dips wie Aga-ve-Senf-Dill.

Links auf die Deichstraße abbiegen.

Den Vögeln lauschen auf einer Bank im Speicherkoog.

KM 12

(4) Miele Speicherbecken
Den Surfer in sich wecken

Erstmal zuschauen. Das Speicherbecken des Flusses Miele dient heute als willkommener Surfsee. Ideal für Anfänger, wenn nicht zu viel Wind weht. Wasser unter den Füßen, Wind in den Händen. Vereinzelt sind Stehpaddler:innen zu sehen, die zunächst sitzend rudern. Schließlich muss sich an den puddingartigen Untergrund erst gewöhnen, wer darauf stehen möchte. Eine Surfschule bietet Kurse im Wind- oder Kitesurfen an. Boards und Paddel fürs Stand-up-Paddeln können ausgeliehen werden. Windsurfen will gelernt sein, doch fasziniert die Kombination von Bewegung auf der Wasseroberfläche und dem Spiel mit dem Wind. Und nicht selten ist allein beim Staunen am Wasserrand der Wunsch geweckt worden, aufs Board zu steigen. Zumindest probeweise.

Der Hafenstraße bis Unterm Deich folgen. Links abbiegen, dem Verlauf über Schleusenweg und Helgolandstraße folgen. Rechts auf Ünnern Diek, dann rechts parallel zur L 153 und über die Hafenchaussee ins Zentrum. Rechts den Jungfernstieg und links die Marktstraße bis zum Dom nehmen.

Wenn schon das Zuschauen so aufregend wie ein Krimi ist.

An der Mühle Juliane kann man im Bauwagen übernachten.

KM 20,5

(5) Meldorf
Ein Bummel in die Vergangenheit

Das Rad kann man getrost am Markplatz stehen lassen und sich zu Fuß der hübschen Stadt widmen. Ganz langsam. Die Schönheit der historischen Bauten rundherum, die vom Markt abzweigende Burgstraße oder die Papenstraße mit dem ältesten Gebäude der Stadt sprechen von der Zeit, da Meldorf als bedeutsamste Stadt Dithmarschens galt. Allen voran die Sankt-Johannis-Kirche, heute noch gerne »Dom der Meldorfer« genannt. Bei der Erkundungstour dient der Kirchturm als Orientierungspunkt. So ist es am schönsten, ohne Plan über die Straßen und Gassen der heute als Slow City zertifizierten Stadt zu flanieren. Stehen zu bleiben. Sich immer wieder um die eigene Achse zu drehen, um kein Detail zu verpassen. Im Alten Pastorat wird getöpfert und nach alter Technik gewebt, die Ergebnisse sind im Werkstattladen der Stiftung Mensch zu erwerben.

Aus Meldorf wieder über die Hafenchaussee hinausfahren, rechts die Hauptstraße nehmen und über Thalingburen fahren. Links in den Süder-Kirchweg einbiegen.

KM 24

6

Mühle Juliane

Eine kleine Pause zum Bewundern

Im Dorf haben Bruni Fietzek und Ralf Uhlenberg den Galerieholländer mit dem umlaufenden Balkon seit Ende der 1990er-Jahre zur Wohnmühle umgebaut und wieder windgängig gemacht. Das Schmuckstück stammt aus dem 19. Jahrhundert. 1950 wurden die Flügel amputiert, die Mühle lief am Ende elektrisch. 1981 wurde sie stillgelegt. Die ganze Historie wurde von den Besitzern auf der Website »kultur-wind-muehle.de« zusammengetragen. Man vermietet das reetgedeckte historische Müllerhaus sowie auch die Bauwagen, die in leichtem Halbrund quasi den Abschluss des Gartens bilden.

Weiter auf dem Süder-Kirchweg. Dann rechts die Koogstraße nehmen und über den dritten Querweg das Naturschutzgebiet am Wöhrdener Loch kreuzen. Entweder über denselben Weg am Watt entlang zurückradeln oder Variationen einbauen und mal auf der anderen Deichseite radeln.

EXTRA INFOS:

Zum Dessert ein Stück der wunderbaren Torten im ● **Dom Café** probieren. Der Kaffee ist bio und fair gehandelt, die Aussicht auf den Dom famos. (www.domcafemeldorf.de)

Im renovierten ● **Bauwagen** an der Mühle übernachten? Das geht in Nordermeldorf/Thalingburen. Von der Terrasse hat man den besten Mühlenblick. Die sogenannten Traumwagen bestehen aus einem Wohn- und Schlafwagen, einem Küchen- und Badwagen sowie einem Saunawagen. (kultur-wind-muehle.de)

Der ● **Sonnenuntergang** in Büsum ist ein Fest. Je nach Wasserstand spaziert man ihm barfuß durch das feste Watt entgegen. Oder man schwimmt bei entsprechender Temperatur im Abendrot.

KM 39 >> ZIEL

Bahnhof Büsum

Meldorfs Schönheit liegt auf dem Markt.

Brandt

Krim

Westerdeichstrich

Stinteck

Oesterdeichstrich

Wasmershof

Bruhnsdorf

Friedrichsgabekoog

Osthof

B 203

Dreikaten

Schnappen

Neuhof

Westhof

Kretjenkoog

Groven

Büsum

Büsumer
Deichhausen

Warwerort

Bahnhof Büsum
START & ZIEL

Fischerkirche Büsum

1

Sonnenuntergang
Büsum am Strand

Wöhrdener Loch

2 Speicherkoog

Büsum-Helgoland

BEQUEMER BREITER WEG
AM WATT ENTLANG

DAS VOGELTHEATER
BEGINNT!

Meldorfer Bucht

Wadden Sea
World Heritage

Stulle & Pulle **3** **4**

Speicherbecken

Helgoländer
Bucht

Kronenloch

N

0   1   2 KM

Helmsand

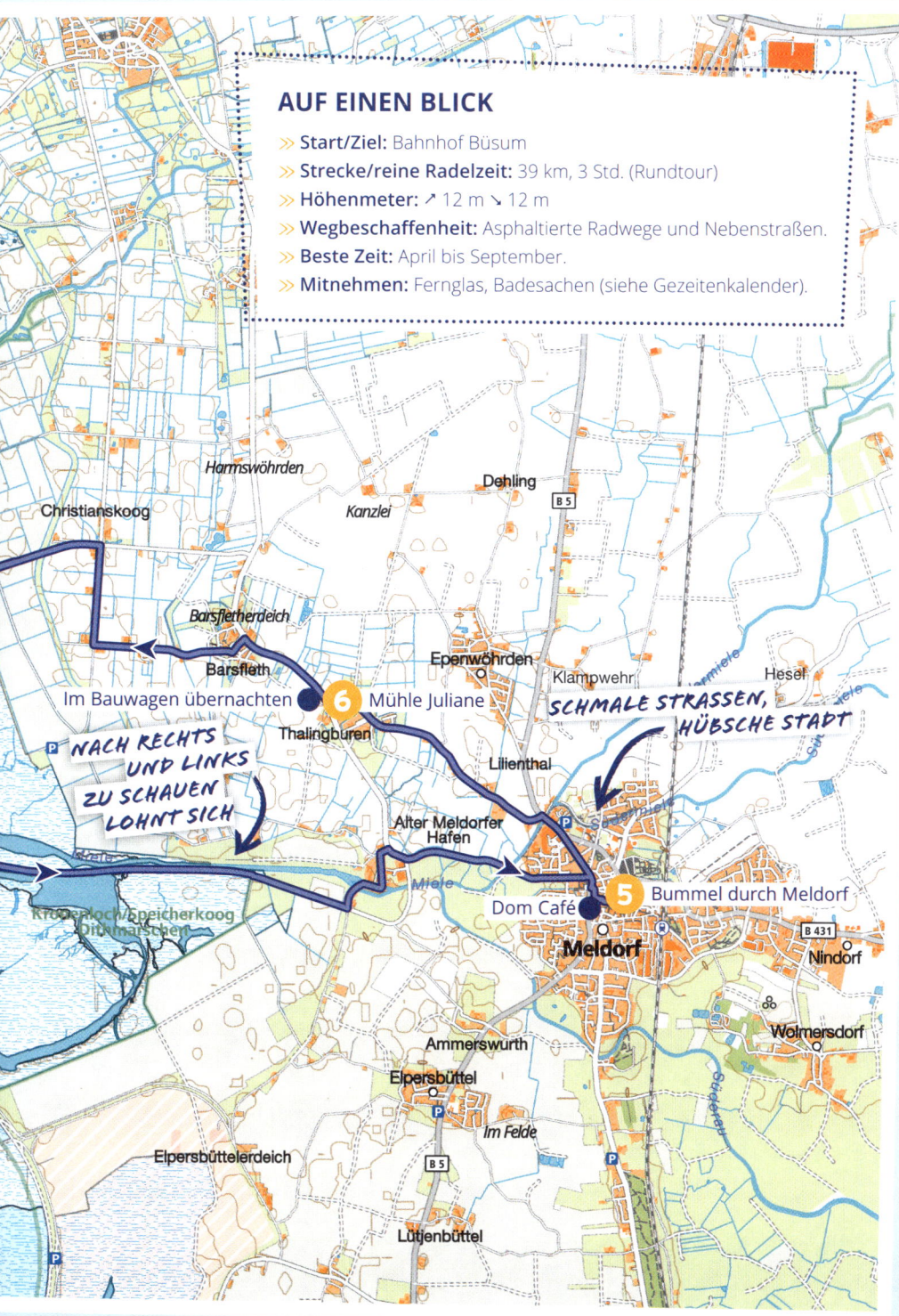

AUF EINEN BLICK

» **Start/Ziel:** Bahnhof Büsum
» **Strecke/reine Radelzeit:** 39 km, 3 Std. (Rundtour)
» **Höhenmeter:** ↗ 12 m ↘ 12 m
» **Wegbeschaffenheit:** Asphaltierte Radwege und Nebenstraßen.
» **Beste Zeit:** April bis September.
» **Mitnehmen:** Fernglas, Badesachen (siehe Gezeitenkalender).

Harmswöhrden

Christianskoog

Dehling

B 5

Kanzlei

Barsfletherdeich

Barsfleth

Epenwöhrden

Klampwehr

Hesel

Im Bauwagen übernachten

6 Mühle Juliane

SCHMALE STRASSEN, HÜBSCHE STADT

NACH RECHTS UND LINKS ZU SCHAUEN LOHNT SICH

Thalingburen

Lilienthal

P

Alter Meldorfer Hafen

Miele

Kronenloch/Speicherkoog Dithmarschen

Dom Café

5 Bummel durch Meldorf

Meldorf

B 431

Nindorf

Ammerswurth

Wolmersdorf

Elpersbüttel

P

Im Felde

P

Elpersbüttelerdeich

B 5

P

Lütjenbüttel

DIE RADELPAUSEN

» START
Bahnhof St. Michaelisdonn

KM 9,5
1 Helserdieker Hofladen
Frisch vom Feld

KM 18
2 Hochzeitsmühle, Friedrichskoog
Man möge sich trauen

KM 22,5
3 Trischendamm, Friedrichskoog-Spitze
Dem Meer hinterher

19

GEOMETRIE DER KÜSTE

Zwischen Friedrichskoog-Spitze und St. Michaelisdonn

Alles dreht sich ums Wasser, von der Marsch bis zur Küstenlinie. Wenn das ertragreiche Binnenland nicht zu viel und nicht zu wenig Wasser hat, gedeiht der Kohl, der hier sogar von Schafen gefressen wird. Einst drehten sich die Mühlen im Wind, heute sind es die Windräder.

KM 27

4 Priel, Friedrichskoog
Hafen ohne Meer

KM 27,5

5 Alice Heimathafen, Friedrichskoog
Auf ein Krabbensüppchen

KM 44

6 Ursula-Mühle, Barlt
Die Erlebnis-Mühle

KM 49,5 >> ZIEL
Bahnhof St. Michaelisdonn

WAS IN DITHMARSCHEN WÄCHST, ...

... wird gerne am Straßenrand feilgeboten wie beim **Helserdieker Hofladen**. Liebevoll drapiert wie ein Stillleben, sodass man im Gedächtnis gleich nach einem Kohlrezept kramt. Scheinbar endlos ziehen sich die bewirtschafteten Flächen. Da, ein Zeichen aus einer anderen Zeit, die sogenannte **Hochzeitsmühle**! Nun ist es nicht mehr weit bis zum Meer.

Kamillen und Wicken, dazwischen Acker-Gänsedisteln und Gewöhnliches Leinkraut, gelbe Farbtupfer auf der Wiese vorm Deich. Der Wind kriecht kräftig über den **Trischendamm**, und die Flaneure ziehen ihre Kapuzen tief ins Gesicht.

EIN MUNTERER SCHWARM VON STAREN WANDERT RASCHELND IM TIEFFLUG ÜBER DIE SALZWIESE

Hinter dem Strand der Ort – eine Ansammlung von niedrigen Häusern auf rechteckigem Straßenmuster. Sonntagsstimmung. Sieht man einen Ast mit etwas Reisig aufragen: Das ist kein Besen. In Friedrichskoog-Spitze findet man es originell, auch seine Wege an Land mit Pricken zu kennzeichnen.

Möwengezeter am Priel vor dem Schöpfwerk in **Friedrichskoog**. Sein Hafen hat seit ein paar Jahren keine offene Verbindung mehr zur Nordsee. Ebbe im Außentief. Hier kann Wasser in Richtung Meer abfließen, zu dem blauen Streifen am Horizont. Der Duft des Meeres hängt in der Luft, und er ist intensiver, wenn es sich zurückgezogen hat. Ausgedehnte Salzwiesen vom Deich bis zur Wasserkante. So steht man ganz oben zwischen Vorland und Hafen und stellt sich vor, wie die Kutter durch die Fahrrinne zogen.

Willi, ein Gebäude und Indoorspielplatz in Form eines riesigen Wals, liegt gestrandet am Hafen in der Stadt ohne Meer. In **Alice Heimathafen** munden Krabbensuppe und Fischbrötchen mit Blick aufs Wasser, das sich müde bewegt. Die Trischenbake mit dem dunkelgrauen Doppelkegel, 46 Jahre lang Seezeichen der Vogelinsel, wurde im Hafen wieder aufgebaut, um ihn ein wenig attraktiver zu machen. Jetzt, da die Kutter fehlen.

Und am Ende passiert es doch noch: In **Barlt** gibt es die Mühle zum Erleben. Hier kann man sich im Innern umschauen, etwas trinken, essen oder einkaufen.

Über den Deich, ganz oben reicht der Blick bis zum Meer.

HIER VERLÄUFT
DER
54. NÖRDLICHE
BREITENGRAD

N

55

NORD
SEE

FLENSBURG   OST
SCHLESWIG   SEE
HUSUM
HEIDE   KIEL

54   FRIEDRICHSKOOG
            BRUNS-
            BÜTTEL   LÜBECK
        CUX-
        HAVEN
              HAMBURG

S

Durch Dithmarschen verläuft der 54. Breitengrad.

Keine Schiffe! Die Möwe inspiziert den alten Hafen.

RADELN & GENIEßEN

● **» START**
Bahnhof St. Michaelisdonn

Typisch Dithmarschen: Obst und Gemüse an jeder Ecke.

Über Beamtenstraße und Helser Geestweg nach Helser-deich.

KM 9,5
① Helserdieker Hofladen
Frisch vom Feld

Gleich bei der Kreuzung in Helserdeich tut sich die Holzhütte mit bunten Auslagen hervor. Je nach Saison gibt es diverse Kohlsorten frisch vom Acker, Salate und Frühlingszwiebeln, aber auch Produkte von anderen Höfen. Etwa Erd-beeren im Juni, Birnen und Äpfel im September. Man stellt Fruchtaufstriche her und verkauft die Eier der eigenen Hühner aus Freilandhaltung. Mit denen lässt man auch Nudeln produzieren. Auch Kartoffeln von einem Hof aus Friedrichs-koog sowie Apfelsaft und Honig sind im Ange-bot. Täglich von 6.30 bis 21.30 Uhr geöffnet.

Rechts in die Helserdieker Strot einbiegen, links in die Frie-drichsköger Straße. Dem Verlauf folgen.

Die Friedrichskooger Hochzeitsmühle heißt eigentlich »Vergissmeinnicht«.

ANHALTEN UND KURZ HEIRATEN!

*Schon früh morgens geöffnet:
Helserdieker Hofladen.*

KM 22,5

Trischendamm, Friedrichskoog-Spitze
Dem Meer hinterher

Eigentlich ist die Aufgabe des Trischendamms, als Bollwerk im Küstenschutz an der südlichen Spitze der Meldorfer Bucht zu funktionieren. Durch den Bau konnte ein Priel eingedämmt werden, der Friedrichskoog hätte gefährlich werden können. Ein schmaler Pfad erlaubt es Flaneuren, mehr als zwei Kilometer auf dem Damm hinauszugehen. Zur Linken ausgedehnte Salzwiesen, durch Schlickablagerungen höher als das sich ausdehnende Schlammgrau zur Rechten. Doch weisen erste Pflanzen wie Queller auf eine ähnliche Entwicklung wie auf der anderen Seite hin. Oben angekommen, verbleiben in der Sonne glänzende Flächen bis zum Horizont. Das Schmatzen des Watts bei Ebbe. Das Rollen der Wellen bei Flut.

Vor oder hinter dem Seedeich bis Friedrichskoog.

KM 18

Hochzeitsmühle, Friedrichskoog
Man möge sich trauen

1855 wurde die erste Mühle an dieser Stelle errichtet, eine Bockmühle, die aber bereits fünf Jahre später durch einen sogenannten Bergholländer ersetzt wurde. Dieser Typus bietet eine bessere Statik und dem Müller mehr Platz. Die Mühle steht auf einer Erhöhung, die um das Kellergeschoss aufgeschüttet wurde. Die Flügel stehen höher im Wind. Von der Arbeitsbühne, der umlaufenden Galerie, konnten Flügel und Bremse gesteuert werden. Bis in die 1960er-Jahre wurde in der »Vergissmeinnicht«-Korn gemahlen, dann zog ein Restaurant ein. Heute ist die Mühle erneut in privater Hand, doch existiert ein Trauzimmer als Dependance des Standesamtes. So wird sie auch gerne »Hochzeitsmühle« genannt.

Weiter über die Koogstraße.

*Ein schmaler Weg führt auf dem
Trischendamm hinaus ins Watt.*

Kaum Wasser im Priel, der einst Hafenzufahrt der Fischer war.

KM 27,5

5 Alice Heimathafen, Friedrichskoog
Auf ein Krabbensüppchen

In dem weißen Haus am Hafen wurden einst die Krabben der Fischer entgegengenommen. Und das waren viele in Friedrichskoog. Heute fehlen die Kutter im Hafen, doch im weißen Haus dreht sich immer noch (fast) alles um Krabben und Fisch. Im Restaurant Alice Heimathafen sitzt man bei Schietwetter im Wintergarten und bei Sonne auf der Terrasse am Wasser. Erst an der Theke die Bestellung aufgeben, dann Platz nehmen, entspannen und auf das Summen des Piepers warten. Die Auswahl auf der Speisekarte ist groß: von der Krabbensuppe, Burgern und veganem Backfisch über Ofenkartoffeln bis zu den Fischbrötchen. Geöffnet von April bis Oktober. (alice-heimathafen.de/friedrichskoog)

Auf der Hafenstraße bis zur Koogstraße radeln. Rechts abbiegen und gleich links auf Schulstraße-Mitte. Über Norderdeich und Trennewurther Weg bis zur Dorfstraße von Barlt.

KM 27

4 Priel, Friedrichskoog
Hafen ohne Meer

Salzwiesen erstrecken sich in großzügiger Geste bis zum Wasser. Durch ihre Mitte schlängelt sich ein Rinnsal, es herrscht Ebbe im Priel. 160 Jahre lang war das Bild des Hafens bunt von Schiffen. Bis 2015 fuhren die Friedrichskooger Fischer von hier aufs Meer. Doch die zwei Kilometer lange Fahrrinne versandete immer mehr, sodass man sie nicht mehr ausbaggerte und den Hafen schloss. Die verbliebenen Fischer zogen um in andere Häfen wie Büsum. Zwischen Hafen und Priel sorgt ein Schöpfwerk für den stets korrekten Wasserstand des Landes dahinter, denn das bewirtschaftete Marschland soll nicht zu trocken und nicht zu feucht werden. Keine leichte Aufgabe, da aufgrund des Klimawandels mit heftigeren Regenfällen und mit einem ansteigenden Meeresspiegel zu rechnen ist.

Auf der rechten Hafenseite weiterfahren.

Beliebt bei Jung und Alt: Fisch essen bei Alice Heimathafen in Friedrichskoog.

Ein Krabbensüppchen in der Sonne am Hafen.

EXTRA INFOS:

Die ● **Seehundstation** in Friedrichskoog ist die einzige berechtigte Aufnahmestation für verlassene Heuler oder abgemagerte junge Kegelrobben. Hier werden sie aufgepäppelt und später wieder in die Freiheit entlassen. (www.seehundstation-friedrichskoog.de)

Rad fahren auf die andere Art kann man mit einem vierrädrigen Eisenbahnfahrzeug der ● **Marschenbahn-Draisine** von St. Michaelisdonn nach Marne oder umgekehrt. (marschenbahn-draisine.de)

KM 49,5 » ZIEL
Bahnhof St. Michaelisdonn

KM 44

6 Ursula-Mühle, Barlt
Die Erlebnis-Mühle

Die von Sabine und Rainer Hagmaier liebevoll eingerichtete und als Café, Museum und Shop betriebene Windmühle Ursula stammt aus dem Jahr 1875. Bei Kaffee und hausgemachtem Kuchen sitzt man wunderbar hier drin – oder im Freien, beim Eiswagen, der wie das Café während der Saison geöffnet ist. Im Gehege daneben schlafen irgendwo sechs süße Waschbären, während der Mühlencafé-Hund ein Auge auf das Geschehen hat und gemütlich herumliegt. Im Mühlenlädchen ist zum Beispiel selbst gemachte Marmelade im Angebot. Geöffnet ist von Ostern bis Oktober. (www.instagram.com/eis.an.der.muehle)

Über die Mühlenstraße und Am Kleve zurückradeln.

Gemütliches Vintage-Ambiente in der Ursula-Mühle.

Meldorfer Bucht

KOHLFELDER SIND IN DITHMARSCHEN NIE WEIT WEG

Friedrichskoog-Spitze

Trischendamm

3

Hochzeitsmühle, Friedrichskoog

2

Friedrichskoog

EIN BISSCHEN SALZWIESE ZUR ABWECHSLUNG

5 Alice Heimathafen

Priel **4** Seehundstation

Dieksanderkoog

Helserdieker Hofladen **1**

Kronprinzenkoog

Wadden Sea
World Heritage

Marnerdeich

Helgoländer
Bucht

Kaiser-Wilhelm-Koog

N

0   1   2 KM

AUF EINEN BLICK

» **Start/Ziel:** Bahnhof St. Michaelisdonn
» **Strecke/reine Radelzeit:** 49,5 km, 4 Std. (Rundtour)
» **Höhenmeter:** ↗ 9 m ↘ 9 m
» **Wegbeschaffenheit:** Radwege und Nebenstraßen, größtenteils asphaltiert.
» **Beste Zeit:** Von April bis Oktober (Öffnungszeiten Alice Heimathafen und Ursula-Mühle).
» **Mitnehmen:** Packtasche, eventuell Badesachen.

Gudendorf

Frestedt

ENDLICH WIEDER GRÜN!

Mühle Ursula, Barlt **6**

Barlt

Hindorf

Sankt Michaelisdonn

Trennewurth

START & ZIEL Bahnhof St. Michaelisdonn

● Draisine Marschenbahn

WIESEN UND ÄCKER, SOWEIT DAS AUGE BLICKT

Volsemenhusen

Dingerdonn

Kuden

Dingen

Marsch- und Donnlandschaft bei St. Michaelisdonn

NSG Kudensee und Umgebung

Marne

Diekhusen-Fahrstedt

Eddelak

Averlak

DIE RADELPAUSEN

>> START
Parkplatz Ostermoor

KM 5
1 Windmühle, Eddelak
Schönheit am Wegrand

KM 16,5
2 Rathaus Marne
Architektur, die schwingt

KM 22,5
3 Café, Neufelder Hafen
Kaffee mit Schafen

MIT ALLEN 20 WASSERN GEWASCHEN

Besonderheiten in und um Brunsbüttel

Vom Piratennest bis zur Schleusenstadt reicht Brunsbüttels Karriere. Noch vor ein paar Hundert Jahren war der Ort an der Elbe häufig Überschwemmungen ausgesetzt, die Bewohner:innen mussten umziehen. Und dann änderte sich mit dem Bau des Nord-Ostsee-Kanals für Brunsbüttel noch einmal alles.

KM 30

Jakobuskirche, Brunsbüttel
④ Das alte Herz des Ortes

KM 33

Schleusenmeile, Brunsbüttel
⑥ Promenade der Schiffe

KM 31,5

Alter Hafen, Braake
⑤ Wo das Wasser glitzert

KM 36 » ZIEL
Parkplatz Ostermoor

AN DER OSTERMOORER FÄHRE ...

 ... setzen sie auf die andere Kanalseite über: Flaneure, Radelnde, Motorrad- und Autofahrende. Ein guter Einstieg für den Nord-Ostsee-Kanal und Brunsbüttels maritime Lebensader. Einige starten hier lieber eine Tour auf den ruhigen Wegen entlang des Kanals. Wer sich landeinwärts bewegt, stößt in **Eddelak** auf eine historische Mühle. Ebenso wie Brunsbüttel, war das Dorf in früheren Zeiten von Deichbrüchen an der Elbmündung und Überflutungen bedroht, bis man mit vereinter Kraft dagegen vorging.

Marne profitierte von den Eindeichungen im 16. und 17. Jahrhundert, verlor dabei aber seinen Zugang zum Meer. Die immer gleiche Geschichte von Fluch und Segen des Wassers. In seiner Mitte ein Gebäude wie ein überdimensioniertes Tor: In Marne kann man den Marktplatz an der Kirche auch über den Gang durchs Rathaus erreichen. Doch schon in **Neufeld** findet man sich am Wasser wieder. Auf dem Deich, mit Blick auf einen kleinen, heute privaten Hafen.

GÄNSE FLIEGEN IN GRÜPPCHEN HOCH, EINE LANDET ERNEUT IM SCHLICK DES KLEINEN HAFENS

Kanadagänse, erkennbar am weißen Kinnlatz. Tief sinken sie mit den Krallen im Schlick ein. Ein Stück weiter grasen Schafe auf dem Deich und im Vorland, am Horizont gleiten Frachter die Elbe hinauf und hinunter, unablässig. Es ist Zeit für einen Kaffee im Op'n Diek.

In Richtung **Brunsbüttel** wird es wieder städtischer und maritimer. Zunächst ist da der alte Ortskern, der abseits der üblichen Pfade liegt. Der baumbestandene Platz mitsamt Fachwerkhäusern und **Jakobuskirche** kommt einer Entdeckung gleich.

Im **Alten Hafen an der Braake** herrscht Sonntagsstille. Das Wasser glitzert im Sonnenlicht, ein Angler hockt an der Kaikante und wartet auf den Fang. Auf dem Wasser schiebt sich ein Kanufahrer durch die einander gegenüberliegenden Reihen der Boote. Erst an der **Schleusenmeile** sieht man die dicken Pötte aus der Nähe. Manche Besucher:innen sitzen hier stundenlang auf den Bänken, immer den Blick aufs Wasser gerichtet. Riesige Frachter schieben sich durch die Schleusen, bevor sie den Weg quer durch Schleswig-Holstein antreten. Und irgendwie packt einen das Fernweh.

Auf ein Fischbrötchen an der Promenade bei den Brunsbütteler Schleusen.

Mit der Fähre flott die Seite wechseln am Nord-Ostsee-Kanal.

Das fast unbekannte, alte Brunsbüttel am Markt.

RADELN & GENIEßEN

»START
Parkplatz Ostermoor

Über die Fritz-Staiger-Straße nach Eddelak.

Am Galerieholländer in Eddelak lässt sich der Tag beginnen.

KM 5

1

Windmühle, Eddelak
Schönheit am Wegrand

Auch heute ist sie noch voller Leben, die reetgedeckte Kornmühle »Gott mit uns« aus dem 19.
Jahrhundert. Zudem befindet sie sich in einem
technisch derart guten Zustand, dass sie sofort
wieder den Betrieb aufnehmen könnte. Bis in
die 1970er-Jahre lief sie fast ausschließlich mit
Wind, obwohl schon früh ein Motor eingebaut
worden war. Heute wird sie als Kulturdenkmal
vom Mühlenverein und dessen Unterstützer:in-
nen gehegt und gepflegt. Abgesehen davon,
dass man im Galerieholländer heiraten kann,
organisiert der Mühlenverein zum Beispiel einen Adventskalender und nimmt am Deutschen
Mühlentag teil. (www.eddelak-mühle.de)

Es geht im Zickzack durchs Dithmarscher Marschland,
beginnend bei der Behmhusener Straße. Über die Braake
und Ramhusen, Diekhusener Geestweg, Schulweg auf die
Marner Hauptstraße.

Beste Backsteinarchitektur: das Rathaus in Marne.

KM 22,5

③ Café, Neufelder Hafen
Kaffee mit Schafen

Auf Neufelder Höhe mündet die Elbe in die Nordsee. Das einst an der Nordsee gelegene Fischerdorf verfügt immer noch über einen Hafen. Doch fließt die Elbe etwas weiter entfernt, was vor allem an den dicken Pötten am Horizont auszumachen ist, die entweder Kurs auf die Nordsee, Hamburg oder auf den Nord-Ostsee-Kanal nehmen. Leicht erhöht sitzt man auf der Terrasse des Restaurants Op'n Diek, also: auf dem Deich. Und probiert vielleicht eine Neufelder Krabbensuppe oder einen Hafenteller. Hausgemachter Kuchen, Torte oder Waffeln zum Kaffee wären auch eine Option. Während nebenan auf dem Deich die Schafe munter blöken, drehen Windräder langsame Runden. (www.restaurant-opndiek.de)

Den Radweg nach Brunsbüttel nehmen, dann links in die Deichstraße einbiegen.

KM 16,5

② Rathaus Marne
Architektur, die schwingt

Das Rathaus von Marne hat eine verbindende Funktion. So gelangt man durch seinen halbrunden Durchgang von der Mittelstraße zum Alten Kirchhof. Verantwortlich zeichnet der früh verstorbene Carl Mannhardt (1875–1918). Der Architekt plante eine hohe Taktung der Fensteröffnungen, was bereits auf den Backstein-Expressionismus der 1920er-Jahre hinweist. Ebenso die Lebhaftigkeit der Fassaden. Dabei unterscheiden sich die Gestaltungselemente der Vorder- und Rückseite. Während die Fassade zur Mittelstraße auf Vielfalt setzt, öffnet die der Kirche zugewandte Seite den Platz und gibt ihm durch ihren Schwung eine Art Energie. 1891 erhielt Marne das Stadtrecht, gewiss zeugen die Anfang des 20. Jahrhunderts errichtete Maria-Magdalena-Kirche und das Rathaus von jenem neuen Selbstbewusstsein.

Ein Stück die Hauptstraße zurück und auf dem Fahrstedter Westerdeich nach Neustadt.

Ein leckeres Stück Torte mit Blick auf Schafe, Deich und Neufelder Hafen.

Maritimes Detail an der Jakobuskirche in Brunsbüttel.

KM 31,5

5 Alter Hafen, Braake
Wo das Wasser glitzert

Das alte Brunsbüttel lag dort, wo heute die Elbe fließt. Es musste landeinwärts verlegt werden, doch drohte im 18. Jahrhundert erneut Gefahr durch Sturmfluten, während derer auch die Braake entstand. Heute dient sie der Entwässerung des Marschlands in die Elbe. Der Alte Hafen wurde vor dem damals neu gebauten Deichsiel angelegt. Der Ort, den sie Brunsbüttelhafen nannten, zog Seeleute, Händler und Handwerker an. Hier wurden Waren verschifft, und man konnte zu den Dithmarscher Häfen sowie auf die andere Seite der Elbe übersetzen. Erst mit dem Bau des Nord-Ostsee-Kanals entstand ein neuer Binnenhafen. Der Alte Hafen wurde zunächst von den Kutterfischern weiter genutzt. Als diese nach Büsum, Friedrichskoog oder Cuxhaven wechselten, verblieben dem Alten Hafen immerhin Segelboote und Jachten.

Von der Brunsbütteler Straße rechts in die Koogstraße fahren.

KM 30

4 Jakobuskirche, Brunsbüttel
Das alte Herz des Ortes

Wer schnurstracks zur Schleusenmeile pilgert, verpasst Brunsbüttels historischen Kern rund um die Jakobuskirche. Bäume flankieren die umgebende Straße Markt. Ein Ort, um sich auf einer Bank niederzulassen und in eine andere Zeit einzutauchen, den Neuanfang im 17. Jahrhundert. Die Fachwerkhäuser ringsherum stammen aus der Zeit. Nach einem Feuer mussten sie und die Inneneinrichtung der Kirche komplett erneuert werden. Heute noch nimmt einen der barocke Schnitzaltar gefangen, der vom dänischen König gestiftet worden ist und Szenen aus dem Leben Jesu darstellt.

Über Sack- und Süderstraße zur Braake.

Der versteckte Alte Hafen dient heute Jachten und Segelbooten.

KM 33

6 Schleusenmeile, Brunsbüttel
Promenade der Schiffe

Schon im 18. Jahrhundert wurde mit dem Eider-kanal ein Vorläufer des Nord-Ostsee-Kanals durch Schleswig-Holstein gebaut. So konnte die schwierige Route über den Skagerrak vermieden werden. Mehr über die Geschichte des Kanals und den Schleusenbau wird im Kanalmuseum Atrium bei der Schleuse erzählt. Nun heißt es, das Rad abzustellen und auf der Schleusenmeile zu flanieren, quasi eine Promenade mit maritimem Kino. Man sitzt oder steht beieinander, gönnt sich ein Fischbrötchen. Und wartet auf die Attraktionen, die übers Wasser schippern. Manchmal wirken sie wie fahrende Hochhäuser. Bevor es hinauf zur Aussichtsplattform geht, kann man sich beim Schiffsradar über aktuelle Bewegungen und die Grunddaten der Schiffe auf beiden Seiten der Schleusen informieren.

Über Schleusenstraße und Ostermoorer Straße zurückradeln.

EXTRA INFOS:

Im ehemaligen Rathaus der Stadt zog das ● **Heimatmuseum** ein und vermittelt die wechselvolle Geschichte des Ortes, u.a. Informationen über seine Walfänger. (www.museum-brunsbuettel.de)

Der ● **Nord-Ostsee-Kanal** durchschneidet Schleswig-Holstein von West nach Ost. Etliche Stunden braucht ein Frachtschiff, um von Brunsbüttel mit zwölf Stundenkilometern nach Kiel zu kommen. Radelnden stehen die Betriebswege auf beiden Kanalseiten zur Verfügung. (www.nok-sh.de)

KM 36 » ZIEL
Parkplatz Ostermoor

An der Schleusenmeile muss man nicht lange auf die dicken Pötte warten.

Helser Deich

Darenwurth

Vitt

Norderlandsteig

Volsemenhusen

Rösthusen

B 5 Zippelkoog

Hembüttel

Sophienkoog

Süderlandsteig

Süderwisch

Landscheide

2 Rathaus Marne

LUSTIGE LANDPARTIE

Marne

Marnerdeich

Diekhusen-Fahrstedt

Ramhusen

Ostermenghusen

Triangel

Auenbüttel

Schmedeswurth

Ohlen

Kattrepel

Westerbelmhusen

B 5

Neufeld

Restaurant Neufeld **3**

Nordhusen

Mühlenstraßen

ELBE IN SICHT!

Heimatmuseum

Jakobuskirche **4**

Helgoländer Bucht

Schleswig-Holstein
Niedersachsen

N

0   1   2 KM

AUF EINEN BLICK

» **Start/Ziel:** Parkplatz Ostermoor
(Der nächste Bahnhof in St. Michaelis-
donn liegt 13 km entfernt.)
» **Strecke/reine Radelzeit:** 36 km,
3 Std. (Rundtour)
» **Höhenmeter:** ↗ 9 m ↘ 9 m
» **Wegbeschaffenheit:** Asphaltierte
Radwege und Nebenstraßen, kleinere
Abschnitte mit festem Kies.
» **Beste Zeit:** Von April bis September.
» **Mitnehmen:** Eventuell ein Fernglas.

Dingerdonn

Sandhayn

Dingen

Freichenshofer Au

Doebelsdiek

Klev- und Donnlandschaft
bei St. Michaelisdonn

Theeberg

Eddelak

1 Eddelak Mühle

AUTOS FAHREN PARALLEL

Braake

Lehe

B 5

WETTRENNEN
MIT DICKEN
PÖTTEN?

Osterbelmhus

Tour am Kanal
START & ZIEL Parkplatz Ostermoor

Brunsbüttel

Büttel

Alter Hafen
Braake

Nord-Ostsee-Kanal

Kanalfähre
Brunsbüttel

Kanalfähre
Ostermoor

5

6 Schleusenpromenade

Kali-Park

Elbe

helgoline

AUCH NOCH GANZ NÜTZLICH

ORTSREGISTER

IMPRESSUM

>> **Text:**
Elke Weiler

>> **Cover- und Buchgestaltung:**
Carolin Weidemann, Köln, www.weidemann-design.com

>> **Lektorat & Produktion:**
Verlagsbüro Wais & Partner, Stuttgart, www.wais-und-partner.de

>> **Fotos:**
Titelfoto: canadastock / Shutterstock sowie ShutterProductions / Shutterstock (Möwe)
Fotos Innenteil: Elke Weiler

>> **Kartografie:**
©KOMPASS-Karten GmbH, kompass.de unter Verwendung von ©OpenStreetMap Contributors, osm.org/copyright

>> **S. 222 / 223:**
Marie Geißler (Illustration), Jens Bey (Text)

1. Auflage 2024
© 2024 DuMont Reiseverlag, Ostfildern
ISBN 978-3-616-03275-7

www.dumontreise.de

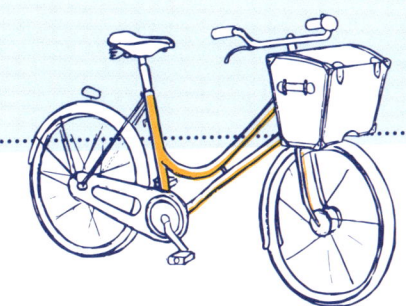

MIX
Paper from
responsible sources
FSC® C139602
FSC
www.fsc.org

RECHTS ODER LINKS? IMMER WISSEN, WO'S LANGGEHT!

>> *TOURENVERLAUF*

GPX-Daten zum kostenlosen Download
https://www.dumontreise.de/radelzeit/
nordseekueste-schleswig-holstein

GPX-DOWNLOAD AUFS SMARTPHONE – SO GEHT'S

>> Voraussetzung:

Eine Outdoor-App muss installiert sein, z. B. KOMPASS, Outdooractive oder Komoot. Zum Einlesen des QR-Codes benötigen ältere Android-Geräte eine QR-Code-App. Bei neueren Android- und iOS-Geräten ist diese Funktion in der Kamera integriert.

>> Daten downloaden:

1. Den QR-Code einlesen oder die Webadresse im Browser eingeben, um auf die Radelzeit-Website zu gelangen.
2. Die gewünschte Tour zum Download anklicken.
3. Bei iOS-Geräten werden die GPX-Daten direkt mit der vorab installierten App verknüpft. Bei Android-Geräten muss ggf. noch ein Weiterleiten-Button geklickt werden (z. B. oben rechts im Display). Manche Apps zeigen den Tourverlauf starr an, andere haben eine Navigationsfunktion dabei.

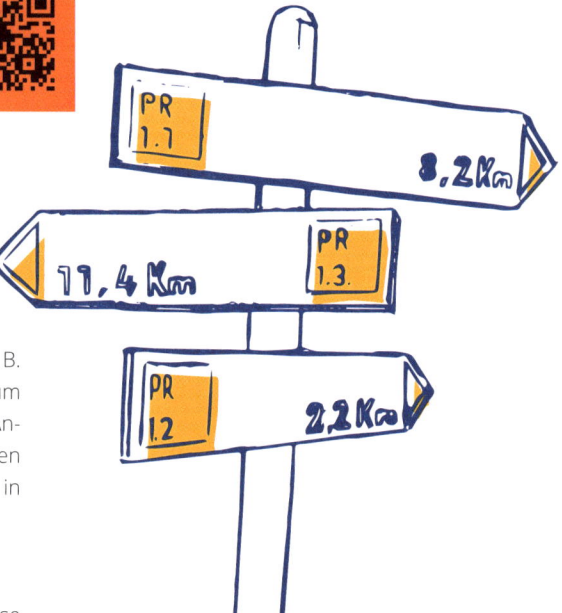

WEITERRADELN ...

ISBN 978-3-616-03197-2

ISBN 978-3-616-03195-8

ISBN 978-3-616-03189-7

ISBN 978-3-616-03196-5

ISBN 978-3-616-03188-0

ISBN 978-3-616-03198-9

ISBN 978-3-616-03192-7

ISBN 978-3-616-03194-1

Noch mehr Radelinspiration gibt's
im gut sortierten Buchhandel und
unter www.dumontreise.de

YOGA FÜR DAVOR UND DANACH

SCHMETTERLING

» Setze dich auf den Boden und lege die Unterseiten deiner Füße aneinander, indem du die Knie nach außen fallen lässt. Nun langsam, ohne viel Kraft, nach vorne lehnen und die Füße mit den Händen umschließen. Entspannt drei Minuten in der Position bleiben, langsam und tief durch die Nase ein- und ausatmen. Um die Übung zu verlassen, die Hände neben bzw. hinter den Körper legen, langsam ein Bein nach dem anderen ausstrecken und nach vorne bringen.

HÖR AUF DEIN HERZ

» Lege dich rücklings auf den Boden, ziehe die Knie an und stelle die Füße flach auf den Boden. Lass jetzt die Knie zur Seite fallen und bring die Fußsohlen zusammen. Lege eine Hand auf deinen Bauch und eine Hand in die Nähe deines Herzens. Schließe deine Augen, atme tief ein und aus und halte die Position mindestens 30 Sekunden lang.

KATZENBUCKEL

>> Gehe auf alle viere, die Knie direkt unter der Hüfte. Handgelenke, Ellenbogen und Schultern liegen auf einer geraden Linie, die Arme sind gestreckt, der Kopf in Verlängerung des Rückens mit Blick nach unten. Mache mit dem Ausatmen den Rücken rund, der Kopf geht Richtung Boden, wird aber nicht auf die Brust gepresst. Während des Einatmens wandert dein Bauchnabel in Richtung Boden, hebe gleichzeitig den Kopf. Wiederhole die Übung mehrmals.

ZURÜCKGELEHNT

>> Knie dich auf den Boden, mit den Oberseiten deiner Füße auf dem Boden. Bring die Knie zusammen, dein Gesäß geht langsam zum Boden, deine Füße rutschen zur Seite und kommen neben deinen Hüften zu liegen. Schiebe mit den Händen deine Oberschenkel nach innen, lehne dich zurück auf deine Unterarme und lege den Oberkörper langsam ab. Halte die Position für mindestens 30 Sekunden.

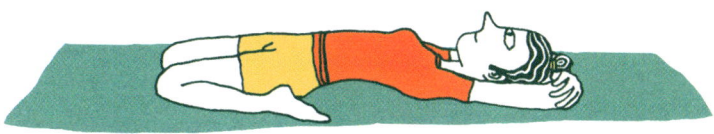

DIE PERFEKTE TOUR ...

#FÜR SONNENHUNGRIGE

Es geht lange Zeit am Wasser entlang oder über Deich und Damm im Beltringharder Koog. Viel Grün, viel Blau, wenig Bäume. Und ewig rufen die Vögel.

>> **TOUR 10, S. 104**

#FÜR NEUGIERIGE

Jede Menge Stoff und die Geschichten zweier Regionen gibt es vom Katinger Watt übers Eidersperrwerk bis in die Dithmarscher Dörfer.

>> **TOUR 16, S. 164**

#FÜR WASSERRATTEN

Baden an jeder Ecke? In Büsum, unterwegs am Deich bei Hochwasser. Und vielleicht sogar im Miele Speicherbecken, unfreiwillig, wenn man vom Board fliegt.

>> **TOUR 18, S. 184**

#FÜR LECKERMÄULER

Da eignen sich fast alle Touren, und ganz besonders ... Sylt! Schlemmen an jeder Ecke, selbst am Strandkiosk schmeckt es fein.

>> **TOUR 2, S. 24**

#FÜR FAULE

Gibt es nicht wirklich. Jedenfalls nicht bei Wind. Selbst die kurze Tour über die Hallig Langeneß hat es in sich, zumindest der Rückweg. Aber: wunderbar.

>> **TOUR 8, S. 84**